성령님의
인도하심

성령님이 이끄시면 맨땅에 헤딩도 축복이다

성령님의
인도하심

윤종남 지음

교회성장연구소

인격이신 성령님은 우리와 교제하기를 원하십니다. 그러므로 우리는 날마다 성령님을 인정하고 환영하고 모셔 들이는 삶을 살아야 합니다. 우리와의 교제를 위해 성령님이 사용하시는 가장 중요한 통로는 하나님의 말씀인 성경입니다. 그뿐 아니라 성령님은 꿈과 환상, 그리고 환경을 통해 자기의 뜻을 알리기도 하십니다. 이렇듯 다양한 성령님의 역사하심을 알고 그분의 음성을 듣고 분별하여 그의 인도하심을 따라 사는 것은 성도의 삶에서 매우 중요합니다.

이 책의 저자인 윤종남 목사님은 많은 고난 속에서도 감사와 순종으로 교회와 선교지를 신실하게 섬겨온 목회자입니다. 성령께서 가라고 말씀하시면 아무리 상황이 어려워도 즉시 길을 나서는 순종의 사람이며, 크고 작은 어려움 속에서도 감사를 잃지 않는 믿음의 사람입니다. 이 책에는 그가 성령의 인도하심에 순종하여 불모지와 같은 땅에서 목회하면서 경험했던 놀라운 일들이 담겨 있습니다. 이 책을 읽는 모든 분들이 성령님이 이끄시는 대로 순종함으로 복된 삶을 누리시기를 바라며 이 책을 기쁘게 추천합니다.

여의도순복음교회 원로목사

조용기

주의 종으로 부름을 받은 사람들은 목회의 여정 가운데 인간의 힘으로 감당하기 어려운 막막한 순간들을 경험하곤 합니다. 그만큼 목회는 하나님의 붙드심과 이끄심이 아니면 불가능하다는 것을 보여 주는 것입니다.

늦은 나이에 신학 공부를 시작한 윤종남 목사님 역시 예외는 아닙니다. 윤 목사님은 신학교 3학년 때 개척을 하셨고, 이후 선교사로 파라과이와 미국에서 14년 동안 해외 선교 사역을 담당했으며, 돌아와 여의도순복음교회에서 부목사 등으로 섬기시다가 부산 순복음금정교회의 담임목사님이 되었습니다. 이 모든 목회 여정마다 성령님은 항상 윤 목사님을 인도하시고 길을 열어 주셨습니다.

해외선교와 수도권 사역 후 부산이라는 낯선 지역으로 부르심을 받은 윤 목사님에게는 큰 부담감이 있었습니다. 윤 목사님이 취임하던 당시 부산 순복음금정교회는 여러 가지 힘들고 어려운 상황에 처해 있었습니다. 그러나 하나님께 기도하는 가운데 듣게 된 주님의 "가라!"라는 분명한 음성은 목사님에게 확신을 심어 주었고, 지금은 2,000여 명의 성도가 출석하는 교회로 성장하게 되었습니다.

부산에서의 본격적인 사역에 돌입한 윤종남 목사님에게 하나님은 "10만 영혼을 너에게 붙여 주겠다."라는 비전을 주셨습니다. 하나님은 하나님의 방법대로 그 비전의 청사진을 하나씩 보여 주고 계시며, 이에 발맞춰 윤 목사님은 부산 복음화를 위한 부산복음화운동본부 사역을 시작하였고 지금도 선교적 교회로서의 사명을 감당하기 위해 끊임없이 노력하고 있습니다.

이렇게 놀랍고 은혜로운 윤종남 목사님의 사역을 담은 『성령님의 인도하심』이 출간된 것을 진심으로 축하드리며 이 책을 통해 지금 목회의 길에 들어서고 있는 신학도들은 물론 현장에서 목회에 헌신하는 많은 목회자들이 큰 위로와 도전을 받고 주님의 충성된 종으로 세워지길 간절히 바랍니다.

여의도순복음교회 담임목사

이 영 훈

목차

Part 1   성령님이 인도하시면 맨땅도 젖과 꿀이 흐르는 축복의 땅이 된다

Part 2   당신의 운명, 어디 한번 바꿔 보시겠습니까?

Part 3
순종하면 그만인데
무슨 고민이 더 필요할까

Part 4
하나님은 하나님의 일을 하는 자에게는
감사할 일만을 허락하신다

Part 5 인도자 하나님은 언제 어디에서든 내 손을 놓지 않으신다

Part 6 "너를 통해서 10만 영혼을 구원하겠다"

성령님의
인도하심

청년 시절, 성령님께서 당시 서대문 네거리에 있던 순복음중앙교회(현,
여의도순복음교회)로 인도하시고 조용기 목사님을 만나게 하심은 제 일생일대
의 행운이었고, 하나님의 큰 축복이었습니다.

활화산 같은 목사님의 설교와 성령님의 뜨거운 체험과 인도하심은, 세
상에 절망하고 소망이 없던 저를 영의 사람으로 놀랍게 변화시켜 주셨기
때문입니다.

그때부터 1년에 360일 정도는 밤낮 교회에서 살다시피 하였으며, 주일
날은 이른 새벽부터 믿음에 충만한 청년들을 따라 서울 시내 병원 유치장
노방전도에 기쁨으로 동참했고, 설교도 어떤 때는 두세 번씩 들으며, 봉사
에 힘썼습니다.

뿐만 아니라 평일에는 출판사에 근무하면서 매일 성경을 붙들고 살다시
피 했는데, 이 지치지 않는 놀라운 열정은 어디서 왔을까요? 이 모든 은혜

는 오직 성령님께서 연약하고 못난 종을 전적으로 붙잡아 주셨기 때문이라고 다시 한 번 고백합니다.

때가 되매 성령님께서는 순복음신학교(현, 한세대학교 신학과)로 인도하셔서 신학의 길을 걷게 하시고, 교회 개척과 갑작스러운 파라과이 선교사로서의 사역, 그리고 미국 목회를 거쳐서 여의도 지성전 목사와 이영훈 목사님 밑에서 부목사로 섬기도록 인도하셨습니다.

나이 육십이 넘어서도 성령님께서는 친히 부족한 종을 세계적인 항만 도시 부산으로 이끌어 주셨습니다. 이곳에서 순복음금정교회를 섬기게 하셨고, 부산복음화운동본부까지 섬기게 해주심에 다만 감격할 뿐입니다.

주의 종이 되어 주님의 사역을 한다는 것은 결코 쉬운 일이 아닙니다. 그러나 성령님이 함께하시고 친히 인도하시면, 어렵지만도 않은 축복의 길임을 기억해야 합니다. 물론 때로는 맨땅에 헤딩하는 것 같지만, 성령님께서 함께하시면 역사가 써집니다. 성령님이 떠나가시면 우리는 아무것도 아닙니다. 그러나 함께하시면 늘 행복합니다.

지금까지 저와 동행한 아내가 고맙고, 지금까지 저의 사역에 함께 참여했던 여러 성도님들과, 지금까지 도와주신 동역자님들께 감사를 드립니다.

특히, 추천의 글을 써주신 저의 스승 조용기 목사님과, 저의 사수 이영훈 목사님께 깊은 감사의 말씀을 드리며, 이 책의 발간을 위해 수고해 주신 교회성장연구소 소장님과 직원 여러분들 그리고 사랑하는 순복음금정교회 당회와 성도들께도 치하를 드립니다.

성령님! 진실로 인정하고 환영하고 모셔 들입니다. 끝까지 함께하소서!

Part 1

성령님이 인도하시면
맨땅도 젖과 꿀이 흐르는
축복의 땅이 된다

모세와 이스라엘 백성은 광야에서 40년간 연단을 받았다. 이스라엘 백성을 그토록 사랑하신다던 하나님이 왜 그렇게 힘든 곳에서 오랜 기간 연단을 받게 하셨을까. 이유는 하나다. 그런 곳에서만이 하나님의 살아 계심을 생생히 맛볼 수 있기 때문이다.

하나님은 우리에게도 광야와 같은 공간을 허락하신다. 맨땅과도 같은 곳에 우리를 내어놓으시며 끊임없이 훈련하신다. 그리고 그 가운데서 오직 하나님만을 바라보게 하신다. 맨땅이기에, 광야이기에 그곳에서는 오로지 하나님만을 바라볼 수밖에 없다. 그리고 그 속에서 우리는 점점 성장해 간다.

이제 맨땅의 정석이라고도 할 수 있는 개척시절의 이야기들을 나눠 보고 싶다. 모자람과 부족함만이 가득한 그 현장. 하지만 비어 있는 만큼 하나님의 역사가 일어날 기회는 더 많았다. 모자란 만큼 하나님은 더 많이 채우시고 부어 주셨다.

Chapter 1

맨땅, 그곳은 하나님이 일하시기
딱 좋은 공간이었다

막막함을 허락하시는 하나님의 계획

애굽을 등지고 나온 이스라엘 백성에게 해방의 기쁨도 잠시, 막막함이 엄습해 왔다. 당장 눈앞에 놓인 홍해를 건너는 것부터가 그들에게는 막막함 그 자체였다. 그리고 그 막막함은 어느새 걷잡을 수 없는 두려움으로 번지기 시작했다.

막막해 보일 법한 그 상황을 허락하신 분은 다름 아닌 하나님이셨다. 하나님의 능력을 온전히 나타내기 위한 하나님의 계획! 그 계획을 이루시기 위해서는 인간의 머리로는 도저히 계산되지 않는 막막함이 전제되어 있어야만 했다. 그것이 하나님의 방식이었다.

막막함과 두려움에 사로잡힌 이스라엘 백성을 오직 하나님의 방법으로 인도하셨던 하나님이 지금 우리에게도 동일하게 말씀하신다. "네 입을 크게 열라!" "내가 채우리라!"

> 나는 너를 애굽 땅에서 인도하여 낸 여호와 네 하나님이니 네 입을 크게 열라 내가 채우리라(시 81:10)

그러고 보면 하나님은 맨땅을 참 좋아하시는 것 같다. 아무것도 없이 텅텅 비어 있는 공간은 '비어 있는 만큼 채울 수 있는 영역'이 넓기 때문이다. 그런 까닭에 우리는 우리 계산으로 빈 공간을 채워 나갈 필요가 없다. 맨땅에 헤딩하는 것에 대한 부담에 사로잡혀 있을 필요도 없다.

우리가 할 일은 그저 한 가지뿐이다. 하나님이 채우실 여지를 최대한 많이 남겨 놓는 것! 그야말로 맨땅, 빈 공간을 그대로 남겨 놓기만 하면 된다. 그것도 비워 놓은 공간이 많으면 많을수록 더 좋다. 그럴수록 하나님의 역사는 더 광범위해지기 때문이다.

막연한 미래를 앞에 두고 시작된 주의 종의 길

나 역시 막막함의 연속에 놓여 있던 시절이 있었다. 인생을 살다 보면 막막한 순간이 종종 찾아오는 게 현실이라지만, 그 시절은 유난히 막막했다. 잡히는 가닥 자체가 없어서 더 답답했다. 개척 초기가 바로 그때였다.

어쩌면 개척을 하기에 앞서, 신학교에 간다는 것부터가 나에게는 무모해 보이는 도전이었는지도 모른다. 군대도 다녀오고 결혼까지 한 후에야 본격적으로 걷게 된 신학도의 길…. 누군가는 늦깎이로 신학도의 길을 가는 것에 대해 걱정이 되지 않느냐고 물을지 모르나, 나는 조금도 걱정되지 않았다. 불안, 염려는커녕, 평강만이 임했다. 이유는 간단하다. 하나님의 확실한 음성이 있었기 때문이다. 분명한 사명을 주셨기 때문이다. 그만큼 나는 도전의 길 앞에서 설렘과 기대만이 가득했다.

"서른에 교회 개척을 할 수 있으면 좋겠다!"

아무것도 없는 내가 교회를 세운다는 것은 함부로 가늠하기조차 어려울 정도로 막연한 미래였을지 모르나, 조금도 두렵지 않았다. 하나님은 나를 하나님의 방법대로 서서히 움직이고 계셨다.

마침 선배 목사이자 친구이기도 한 김남수 목사님의 소개로 신동수 목사님이 시무하시는 교회에 부교역자로 들어갈 수 있게 되었다. 신학교 1학년 말, 나에게 찾아온 그 기회는 하나님이 나의 빈 공간을 채우고 계신다는 첫 번째 신호탄이었다. 쓰임 받을 수 있다는 것만으로도 감사하던 그 시절, 나는 그곳에서 1년 반가량 사역하며 신학공부도 계속 이어갈 수 있었다.

맨땅으로 나와 다시 시작하다

신학교 3학년을 앞두고, 사역하던 교회의 신동수 목사님이 미국 선교를 떠나게 되셨다. 그리고 새로운 목사님이 부임하시면서, 나도 그곳을 떠나 새로운 사역지를 찾기 시작했다. 사실 그곳으로 나를 이끌어 준 김남수 목사님은 후임 목사로 나를 추천했다. 그러나 아직 신학교 2학년에 불과한 내가 교회를 담임한다는 것은 있을 수 없는 일이었다.

솔직히 그때는 청년부 회장으로 섬기던 여의도순복음교회에서 사역하고 싶은 마음도 있었다. 하지만 그 시절만 해도 여의도순복음교회에서는 신학생을 사역자로 받지 않았다. 조용기 목사님이 따로 불러 미안하다고 하실 정도로, 누구에게도 예외가 없던 교회 방침이었다.

다시 맨땅에 나오게 된 나. 그 상황 역시 하나님의 방법대로 하나님의 역사를 온전히 이루시겠다는 소중한 사인이었다. 막막함 때문에 오히려 더 기도할 수 있었고 오로지 하나님만 바라볼 수 있었기 때문이다.

나와 사모는 새로운 사역지를 두고, 성령님의 인도하심만 바라고 40일 작정 부부기도를 시작했다. 매일 아침 7시~8시, 우리는 어김없이 하나님 앞에 무릎 꿇고 하나님의 역사하심만을 바라보았다. 당연히 금식기도도 빠질 수 없었다. 기도원으로 들어가 7일 금식기도를 시작했다. 그리고 금식이 끝나고 난 후, 내 앞에 선택지가 도착했다.

첫 번째 후보는 의정부에 있는 어느 교회였다. 장로님이 나에게 소개해 준 그 교회는 성도들이 갈라져 나와 새로 세워진 교회였으며, 20~30세대가 출석하고 있어 목회자의 기본 생활은 보장되는 곳이었다.

두 번째 후보는 성남시에서 새롭게 개척하는 교회였다. 정해진 것도 갖춰진 것도 아무것도 없는 곳에서의 개척이 바로 두 번째 선택지였다. 오라는 사람도 없고 기다리는 사람도 없는 그런 곳이었다.

두 가지 선택지를 두고 고민하는 나에게, 성령께서는 확신과 응답을 주셨다. 맨땅에 또 다시 헤딩하는 것, 그것이 하나님 뜻이었다. 맨땅에 헤딩하는 동안 하나님께 매달리며 기도했는데, 다시 받은 응답이 새로운 맨땅에 헤딩하는 것이라니…. 순종은 해야겠지만 막막함이 찾아오는 것은 어찌할 수 없었다.

그때만 해도 성남시는 지금과 달랐다. 그곳은 가난한 사람들이 모여 있는 동네였다. 서울에서 철거당해 쫓겨난 사람들이 모여 있는 곳이 내가 가야 할 새로운 맨땅이었다.

5.5평짜리 개척교회를 세우신 하나님

기도 응답 후, 직전 교회로부터 받은 퇴직금 10만 원을 들고 성남시 복덕방으로 갔다. 지금도 기억나는 이름 '천복 부동산.' 그곳에서 도움을 받아 상대원동에 5.5평짜리 지하에 세를 얻었다. 물론 안내한 분은 복덕방 주인이지만, 실제로 나를 인도하셨던 분은 하나님이었다.

당시 내 나이 31세였고 이제 겨우 신학교 3학년 초였다. '30세에 교회 개척을 할 수 있을까?' 라고 생각했던 나를 위해, 하나님은 31세에 개척의 길을 열어 주신 것이다.

1976년 3월 6일, 성남시 한구석에 성남만민교회가 세워졌다. 물론 아무 것도 없었다. 말 그대로 맨땅이었으니, 무엇 하나 갖추어져 있을 리 없었다. 강대상이 없어 사과 궤짝을 구해다가 강대상으로 삼을 정도였다. 건물 밖에는 교회 간판이나 십자가도 없었다. 사택도 없어서 지하실에 붙은 조그마한 창고 방에 가족이 모여 살았다.

출석교인이 없진 않았다. 사모와 20개월 된 아들 그리고 3개월 된 아들. 나를 포함해서 총 네 명의 교인이 개척 멤버였던 셈이다.

새벽 4시 반이 되면 유일한 성인 성도였던 사모를 앉혀놓고 예배를 드렸다. 낮 11시 예배, 저녁 예배도 빼놓지 않았다. 참석 인원은 둘이지만, 예배는 세 번이나 드렸다.

얼마 후, 신학공부를 하던 막내 여동생 윤영자 전도사가 우리 교회에 출석하게 되었고 한동안 주일학교 사역을 맡게 되었다(개척 시절 무보수로 사역을 했던 윤영자 전도사는 현재 기장 측 여목사가 되어 열심히 사역하고 있으며 하나님은 남편에게 물질의 축복도 풍성히 부어 주셨다. 하나님은 몇 년간 보수 없이 사역한 여동생의 헌신을 잊지 않으셨다).

5.5평짜리 개척교회 건물 앞에서
(교회 이전 후, 다시 찾아와 찍은 사진)

그렇게 하나님은 서서히 맨땅을 채워 주셨다. 우리가 기도하고 예배하며 하나님을 향해 입을 넓게 벌릴수록, 하나님이 일하신 공간을 더 크게 남겨 둘수록, 하나님은 더 적극적으로 역사를 이루어 가셨다. 공허한 심령에 충만한 기쁨을, 병든 육체에 건강을, 가난한 곳에 부요를, 실패한 인생에게 성공을 채우시는 하나님이 텅

텅 빈 그곳을 채워 가셨다. 이스라엘 백성을 애굽에서 인도해 내신 전능하신 하나님은 막막한 환경에 놓여 있던 우리 가운데서도 동일하게 역사하셨다.

Chapter 2

부족해도 좋다.
그만큼 하나님은 더 채워 주시니까

많이 여는 만큼 많이 채우시는 하나님

'신비한 동물의 세계'를 보면 새가 높은 나무 위에 둥지를 짓고 알을 낳아 그 알을 정성껏 품는 모습이 나온다. 알을 깨고 새끼가 하나둘 나오면, 며칠 후부터 새끼들은 어미가 물어다 주는 먹이를 먹기 시작한다. 이때 재미난 광경을 목격할 수 있다. 어미가 먹이를 입에 물고 오면 앞다투어 목을 길게 빼고 서로 먼저 먹이를 달라고 아우성인데, 어미는 그중에도 목을 제일 길게 빼고 입을 제일 크게 벌리는 새끼에게 제일 먼저 먹이를 준다는 것이다. 우리는 미물인 새들을 통해서도 중요한 영적인 교훈을 얻을 수 있다.

하나님은 '동일하게 사랑하시는 자녀들' 중에서도 더 넓게 입을 여는 자에게는 더 채워 주실 수밖에 없다. 반대로 아무리 사랑하는 자녀라 해도, 도무지 입을 열 생각을 하지 않으면 채워 주고 싶어도 채워 주실 수가 없다.

비어 있는 공간을 채우고 싶어 하시는 하나님은 오늘도 공허한 심령에 충만한 기쁨을, 병든 육체에 건강을, 가난한 곳에 부요를, 실패한 인생에게 성공으로 채우시기를 원하신다. 그렇게 보면 하나님의 복을 누리는 방법은 너무나 쉽다. 지금 내 상황이 어떠하든지 입만 크게 열면 된다.

이것은 큰 믿음을 가지는 것과도 같은 맥락이다. 예수님은 겨자씨 비유를 통해서 큰 믿음의 가치가 얼마나 위대한지에 대해 강조하셨다.

너희에게 겨자씨 한 알만한 믿음이 있었더라면 이 뽕나무더러 뿌리가 뽑혀
바다에 심기어라 하였을 것이요 그것이 너희에게 순종하였으리라(눅 17:6)

'겨자씨만 한 믿음', 교회 다니는 성도들에게는 너무나 익숙한 문구이기도 하다. 문제는 익숙한 표현임에도 그런 믿음을 갖기가 여간 쉽지가 않다는 사실이다. 믿을 만한 상황에서 믿는 것이야 쉽지만, 인간적인 생각으로 도저히 믿기 힘든 상황에서는 그 겨자씨만 한 믿음을 갖는 것조차 버겁게 느껴진다. 그럼에도 하나님은 그 어떤 상황에서도 겨자씨만 한 믿음을 갖기를 원하신다. 말도 안 되는 일, 불가능할 법한 일 앞에서라도 예외 없이!

개척 시절에 더욱 절실해진 겨자씨 믿음

누구에게나 힘들고 고되다는 개척 시절. 그 시절에 누릴 수 있는 최고의 묘미는 겨자씨만 한 믿음을 통해 체험하는 하나님의 기적이 아닐까. 지금도 우리는 겨자씨만 한 믿음이 가져다주는 기적을 체험하곤 하지만, 막막함으로 가득 찼던 개척 시절에는 겨자씨 믿음의 진가를 더 생생하게 접할 수 있었다.

1976년의 어느 날에도 그랬다. 그날 우리는 상대원 종점에 큰 공터를 빌려 놓고 부흥회를 위한 텐트를 구하고 있었다. 5.5평의 작은 공간에서는 부흥회를 열기 어려웠기에 수많은 사람이 들어갈 수 있는 천막형 텐트를 구했다.

당시 커다란 텐트를 제공해 주시는 분은 마일스 선교사님이었다. 한국에서 선교하시면서 교회들이 개척할 때 많은 도움을 주셨던 마일스 선교사님은 교회 집회를 위한 천막형 텐트를 세 가지 종류로 구비하여 요청하는 교회들에 대여해 주곤 하셨다.

우리가 빌리고자 했던 텐트는 250인용 텐트였다. 선교사님이 가지고 계시던 250인용, 500인용, 700인용 세 가지 텐트 중 가장 작은 250인용만으로도 충분했다. 그러나 250인용은 다른 교회에 대여한 상태라 빌릴 수 없었다. 아쉽지만 500인용이라도 빌리려고 했다. 공간이 많이 남겠지만 어쩔 수 없었다. 그러나 500인용마저도 대여한 상태라고 했다.

남은 것은 700인용 하나뿐! 5.5평짜리 몇 명 안 되는 개척교회가 700인용 텐트를 빌려 부흥성회를 한다는 것은 누가 보아도 어불성설이었다. 그러나 "네 입을 크게 열라."는 하나님의 말씀처럼 입을 크게 열기로 했다. 어리석어 보이지만, 하나님에게는 가능한 일이었으니까.

어쩌면 그 결정이 우리에게는 믿음의 가치를 알게 해주는 또 하나의 사건이었는지도 모른다. 250인용 텐트를 채우는 것도 버겁다고 여겼던 우리가 700인용 텐트를 과감하게 빌린다는 말도 안 되는 상황에서, 우리가 가질 수 있는 거라곤 겨자씨만 한 믿음뿐이었기 때문이다.

700인용 텐트가 차고 넘치는 성회 현장에서

꼭 700인용 텐트가 채워지는 것만이 기도 응답은 아니다. 채워지고 말고를 떠나 그 공간 안에 하나님이 함께하시고 하나님이 그 성회를 이끄실 거라고 믿는 것, 그것이 우리에게 요구되는 겨자씨 믿음이었다.

그렇게 겨자씨만 한 믿음으로 무모한 도전이라 불릴 법한 천막성회를 열던 그날, 우리는 겨자씨만 한 믿음이 얼마나 위대한지를 생생하게 목격했다.

성남시의 넓고 텅텅 빈 시장터. 그리고 그 위에 세워진 거대한 천막… 그때만 해도 우리 교회의 성도는 총 열 명이었다. 사람들이 찾아와도 700명이 채워진다는 것은 있을 수 없는 일이었다.

이때 찬양팀으로 수고해 준 영적 동지들이 있었다. 김원철 목사(당시 형제)와 여의도 청년들. 그들은 5일간 매일 밤 뜨겁게 뛰면서 찬양인도로 헌신해 주었다. 그런데 있을 수 없는 일이 그대로 일어났다. 김원철 목사 특유의 큰 목소리로 한 시간 넘게 찬양인도를 하는데 휑할 것만 같았던 텐트 안이 사람들로 미어터지기 시작했다. 성남 시민들이 다 모인 양, 어떤 날은 800명, 어떤 날은 1000명이 왔다. 700인용 텐트가 남기는커녕 모자랄 정도였다. 비 오는 날도 예외는 아니었다. 비가 오지만 집회를 찾는 사람들은 여전히 넘쳐났다.

당시 이 부흥회는 성남시를 떠들썩하게 할 정도로 화제가 되었다. 그 시절만 해도 텔레비전은커녕 라디오로 제대로 갖춰져 있지 않던 때라 구경거리, 즐길 거리가 지금 같지 않았다. 그러니 시 한가운데 천막이 세워져서 무엇을 한다고만 해도 사람들에게는 꽤 흥미를 끌 수밖에 없었다.

그러다 보니 예수님을 모르는 사람도 찾아왔고 그 안에서 변화되는 경험을 했다. 하나님은 그 시절, 열악했던 환경을 사용하셔서 복음의 자리 안으로 그들을 모으셨던 것이다.

여유가 되어서 열었던 성회가 아니었다. 그저 그 땅에 복음을 전하겠다는 마음 하나로 시작한 성회였다. 하나님이 주신 그 마음, 그 믿음 하나로 시작된 성회가 그렇게 성남시를 뜨겁게 달구기 시작했다.

심지어 그때는 돈이 부족해서 외부 목사님을 강사로 모실 수도 없었고 아는 선배이자 설교를 잘하기로 소문이 나 있던 김용현 전도사님과 김명섭 전도사님을 초빙하여 성회를 이어 갔다. 그러나 돈이 부족하다고 해서, 목사가 아닌 전도사라고 해서 성령이 역사하지 않는 것은 아니었다. 믿음이 온전할 때, 성령은 보이는 환경과 별개로 마음껏 역사하셨다. 공터가 채워지고 천막 안이 뜨거워질 만큼 성령께서는 강력하게 역사하셨다.

성남시 내에 성도들이 늘기 시작하다(단, 우리 교회 성도는 그대로!)

한 주간 동안 매일 밤 열리는 부흥성회로 많은 사람이 변화되었다. 구경 삼아 들어왔던 이들도 나갈 때는 새사람이 되어 나가는 기적이 펼쳐지기 시작했다. 그러나 우리 교회에 등록한 사람은 없었다. 부흥회를 통해 우리 교회에 오라고 광고를 할 수 있는 것도 아니었으니까. 다들 그 근처 교회나, 자신이 사는 동네 교회에 가는 게 당연했다.

그 시기 다른 교회 목사님들이 나를 보고 감사하다며 인사할 정도였다. 어떤 인근 교회 목사님은 이렇게 말씀하시기까지 했다.

"전도사님. 감사합니다. 저희 교회에는 이번 주에만 40명 등록했습니다."

인근 교회 성도들은 늘어나는데 정작 우리 교회 성도 수는 변함없이 유지되던 그 시절. 아주 잠깐 배가 아프고 아깝다는 생각도 들었다. 그러나 잃어버린 영혼들이 하나님께로 돌아가는 것만으로도 감사할 수 있었다. 그 도구로서의 역할을 하게 된 것만으로 감격스러웠다. 복음 전도는 사람들을 우리 교회로 데리고 오는 게 아니라, 하나님께로 데리고 오게 하는 것이니까!

Chapter 3

꼼짝없는 절박함,
꼼짝없이 주님만을 의지하게 만든다

아무것도 의지할 수 없을 때가 적기(適期)다

예수님의 말씀에 따라 제자들이 갈릴리 바다 한복판에 왔을 때였다. 갑자기 바다에 큰 놀이 일어나 물결이 배에 덮였다. 풍파 속에서 꼼짝없이 죽게 된 제자들은 예수님을 깨우기 시작했다.

그 제자들이 나아와 깨우며 이르되 주여 구원하소서 우리가 죽겠나이다
(마 8:25)

풍랑이 오기 전까지만 해도 그들의 마음에는 성공, 출세, 재물과 관련된 생각들이 가득 차 있었다. 그러나 고난이 다가오자 주님만 의지하기 시작했다. 그 누구도 의지할 수 없는 상황, 옆에 있는 사람조차도 의지할 수 없는 상황이 그들을 주님께만 매달리게 만든 것이다. 그 후 예수님은 일어나셔서 바람과 바다를 꾸짖으셨고 파도는 아주 잔잔해졌다.

예수께서 이르시되 어찌하여 무서워하느냐 믿음이 작은 자들아 하시고 곧 일어나사 바람과 바다를 꾸짖으시니 아주 잔잔하게 되거늘(마 8:26)

아무것도 의지할 데가 없는 사면초가의 상황. 그 상황은 고난처럼 보이지만 실제로는 주님만을 의지하게 만드는 은혜의 기회였다.

우리도 때로는 풍파 속에서 견디기 힘든 절박함을 느낄 때가 있다. 어떤 것도 보이지 않는 상황! 그러나 그런 절박함이야말로 절절한 기도를 낳는다. 그리고 그런 상황은 다른 곳을 돌아보지 않게 만든다. 오로지 하나님, 그분만을 바라보며 의지하게 만든다.

사람? 의지할 필요 없고, 의지해서도 안 된다

풍랑 한가운데 있는 듯한 경험을 가장 많이 하는 때는 역시 개척 시기다. 물론 목회를 하다 보면, 사면초가의 상황을 경험할 때가 수도 없이 많지만, 개척 때만큼 영적, 심적, 물질적 어려움에 자주 부딪힐 때가 또 있을까. 하지만 돌아보면 그 어려움과 절박함은 하나님과 더 자주 만날 특별한 기회임이 틀림없었다.

무엇보다 개척 때는 경제적 어려움에 자주 노출된다. 교회를 지탱해 나가려면 최소한의 경제적인 자원이 필요한데 그것을 감당하는 것부터가 버겁다. 사업처럼 잘 안 된다고 그냥 접을 수 있는 것도 아니다. 하기 싫다고, 하기 어렵다고, 도와주는 이가 없다고 도망갈 수 있는 것도 아니다.

그런 개척 시절, 하나님은 특별 훈련을 시켜 주셨다. 사람을 의지하지 않는 훈련, 사람에게 기대하지 않는 훈련. 다른 것보다도 그 훈련을 제대로 받을 수 있었다. 사실 사람을 의지하는 것은 그리스도인에게 기본이 되어야 할 신앙의 자세지만, 실제로는 너무나 쉽게 놓치게 되는 부분이기도 하다. 개척 기간에 그런 훈련을 제대로 받을 수 있었다는 것은 얼마나 큰 은혜였는지 모른다.

처음에는 사람을 의지하고 싶었다. 아니, 의지해야 할 것만 같았다. 눈에 보이는 사람에게 도움을 청해야 할 것만 같았고 내 손을 붙들어 줄 사람을 찾아야만 할 것 같았다.

한번은 어떤 목사님께서 물질적인 지원을 받아 보라며 경기지방회를 소개해 주셨다. 가뭄의 단비처럼, 그 제안이 얼마나 감사했는지 모른다. 약간의 기대도 되었다. 작은 도움만으로도 개척교회에는 큰 도움이 되었으니 말이다.

그러나 나름 부푼 마음을 안고 찾아간 그곳에서 제대로 허탕을 치고야 말았다. 지방회의 대답은 간단했다. 신학생에게는 지원하지 않는다는 것!

졸업을 안 했기 때문에 정식으로 등록이 안 되어 있었고, 등록되지 않은 목회자를 도와줄 수는 없다는 게 그들의 대답이었다. 맞는 말이었다. 반박할 수 없는 그럴듯한 말이었다. 사실 큰 기대를 하고 간 것이 아니었기에 큰 실망도 없었다. 그냥 돌아왔다.

도와줄 사람이 없다고 생각할 그때부터 하나님이 일하기 시작하신다

도와줄 사람이 없다고 생각될 그때, 더 이상 사람을 의지할 수 없을 그때! 놀랍게도 그때가 하나님이 일하기 시작하는 순간이었다. 그때부터 하나님은 인간의 예상을 뒤엎고 역사하기 시작하셨다. 그만큼 인간의 도움은 더 이상 의지할 필요가 없었다. 하나님이 필요하다고 판단하실 때는 사람들을 사용해 도우시기 때문이다.

그런 경험 속에서 점차 영적 담력이 쌓이기 시작했다. 부족해도 당황하지 않는 담력, 모자라도 불안해하지 않는 그런 담력 말이다.

신학교를 다닐 동안에도 하나님은 학비를 온전히 공급해 주셨다. 1학년 때는 여의도 청년회에서 학비를 받았다. 하나님께서 김성광 부장 목사님을 통해 역사하신 것이다. 그리고 2학년에 올라오면서 청년회로부터의 지원기간이 끝나자, 이번에는 신동수 목사 교회의 모 여집사님께서 학비 지원을 해주셨다. 그렇게 2학년 때도 하나님의 방법으로 학비를 공급해 주셨다. 이후 3학년이 되었을 때는 미국에서 간호사로 일하던 신재옥 자매가 학비를 지원해 주겠다고 연락을 주었다. 마지막으로 4학년 때는 총학

생회장을 맡게 되어 학비를 학교로부터 지원받을 수 있게 되었다. 그렇게 매년, 다른 방식으로 학비 지원을 받았다. 지원해 주신 사람들은 각기 다 다르지만, 그 모든 것을 이끄신 분은 하나님이셨다.

뿐만 아니라, 개척 초기에 서울의 두 가정이 기도와 헌신과 물질로 필요할 때마다 지원을 해주었다. 특히 지방회의 지원을 받지 못하게 된 상황에서 하나님은 이 두 가정을 통해 물질적 지원을 해주셨다. 한 가정은 수유리에 있던 강자영 집사, 김지은 집사 부부였고 또 다른 분은 강남에 있던 박은희 집사였다.

참고로 강자영 집사는 순복음금정교회에 내가 부임하기 전, 담임목사로 사역하던 고 강노아 목사님이시다. 평신도로 헌신하던 강자영 집사는 조용기 목사님을 만난 이후로 일본에서 개척을 하게 되었는데 이때 이름도 강노아로 바뀌었다. 차를 타고 가는 중에 조용기 목사님께서 '강노아'로 개명을 하라고 하시자 그 자리에서 이름을 바꾸었다. 차 탈 때는 '강자영'으로 불리던 분이 차에서 내릴 때부터는 '강노아'로 불리게 되었던 것이다.

강자영 집사님을 처음 알게 된 것은 그보다 오래 전으로 거슬러 올라간다. 내가 처음 새서울교회 전도사로서 부교역자 사역을 할 때 강노아 목사님, 당시 강자영 집사님은 여의도순복음교회 수유교구 집사님이셨다. 연세대 경영학과 수석일 정도로 총명하면서도 겸손하셨던 그분은 그 시절에도 동일하게 훌륭한 성품을 가지고 계셨다.

하루는 내가 새벽기도 설교를 마치고 내려오자 김지은 집사님이 강자영 집사님의 손을 꺼내 서로 잡게 하며 "형제가 되는 게 어떠냐?"고 제안하셨다. 일종의 의형제를 맺으라는 것이었다. 솔직히 서로 안 지 얼마 안 되는 사이인데 형제를 맺으라고 하자 괜히 쑥스러웠다. 그래서 기도만 해드렸던 적이 있다. 그만큼 오래 전부터 강목사님 부부와는 남다르면서도 특별한 사이였다. 초창기 사역 시절의 기억을 공유할 수 있는 특별한 대상이라고나 할까. 그랬던 집사 부부께서 개척 초기에 기도와 물질로 우리 교회를 섬겨주셨던 것이다.

또한 박은희 집사는 2년간 꽃꽂이 봉사로 헌신했다. 강남에서 성남까지, 먼 거리를 2년간 오가며 봉사했고 그밖에도 물질 후원을 아끼지 않았다. 역시나 하나님은 박집사님의 자녀에게도 놀라운 축복을 허락하셨다.

그밖에도 교육을 담당했던 최완기 목사(당시 전도사)와 서인 집사(나중에 가나 선교사로 헌신했고 가나신학교 총장까지 역임), 조세환 집사, 민영섭 집사, 최성문 집사 가정 등, 개척시기에 함께 수고해 주신 분들이 아직도 생생히 기억에 남는다. 모두가 하나님이 보내주시고 세워주신 소중한 영혼이자 동역자들이었다. 더욱 놀랄 만한 것은 그 작은 교회에서 은혜 받고 변화되어 주의 종이 된 분들이 15명 정도나 되었다는 사실이다.

Chapter 4

하나님은 그때그때 채워 주시고
그때그때 열어 주신다

자립을 위한 고군분투

개척교회의 소박한 꿈 중 하나는 자립이다. 크게 부흥하고 성장하는 것은 전적인 하나님의 은혜로 되는 것이니 그 정도까지는 기대하지 않는다 (물론 허락하시면 감사하다). 대신 자립이 되는 것에 대해서는 간절히 간구한다. 자립이 되어야 교회도 유지가 되고 사역도 원활하게 할 수 있기 때문이다.

참고로 그 시절에는 개척한 지 3년 만에 100명 성도가 되는 것이 자립의 기준이었다. 누가 그런 기준을 따로 제시한 것은 아니지만, 자연스럽게 그런 인식이 형성되었다.

우리 교회의 경우에는 감사하게도 3년이 넘었을 때 100명이 넘는 성도와 예배드릴 수 있었다. 그리고 후에 내가 이 교회를 떠날 즈음에는 300명 가량의 성도와 함께할 수 있었다.

한편 교회가 5.5평이던 시절, 우리는 성도들이 조금씩 늘어나는 것을 보면서 교회 이전에 대한 필요성을 느끼게 되었다. 일단 5.5평으로는 더 이상의 수용이 어려웠기 때문이다.

이후, 상대원 4거리 2층에 전세로 입주하게 되었다. 그때는 하나님이 곳곳에서 도움의 손길을 열어주셨다. 조용기 목사님이 개인 보조금으로 주신 25만 원, 한 성도의 딸에게 빌린 돈, 고상권 집사 희사금 등, 피 말리는 후원과 모금으로 어렵게 필요한 금액을 채워 갔다. 힘겨운 과정들이었지만 하나님은 조금씩 채워지는 묘미를 깨닫게 하셨다. 한번에 채워 주실 수도 있었지만 하나님은 그러지 않으셨다. 그래야 하나님을 더 의지하고 찾을 테니까.

새로운 건물을 선물로 주신 하나님

상대원 2층에서 예배를 드리던 어느 날, 땅을 선물 받았다. 이순자 집사님이 자기 땅을 기증해 버리신 것이다. 200~300평 정도 되는 땅을 드린 것을 알았을 때, 감사하면서도 뭔가 마음에 걸리는 부분이 있었다. 아니나 다를까, 하루는 밤중에 집사님의 믿지 않는 남편 분이 전화를 주셨다.

"목사님, 그 땅, 제가 청년 때 주린 배 움켜쥐고 산 땅입니다."

알고 보니 집사님의 일방적인 헌신이었다. 나는 걱정하는 남편에게 말했다.

"성경(레위기)에서도 부부가 기증하고자 할 때 한 사람이라도 반대하면 기증할 수 없다고 되어 있습니다."

결국 우리는 그 땅을 갖되 돈을 대신 갚기로 했다. 당시 돈으로 거의 900만 원이나 되었으니 버겁기도 했지만 그래도 성도의 가정에 상처를 주지 않을 수 있어 다행이었다.

비록 다시 돌려 드리긴 했지만 그래도 초기에 이순자 집사님이 결단하신 것 때문에 하대원에 건축을 할 수 있었다. 그조차도 하나님의 인도하심이었다.

그리고 드디어 1979년 10월, 건축헌당예배를 하나님께 올려 드릴 수 있게 되었다. 건축을 하는 동안에는 개척교회 온 남녀 성도들이 달려들어 돌과 벽돌 등을 날랐다. 성도들의 수고가 어려 있는 땅 위에 하나님의 역사가 더해져 하나님이 영광 받으시는 교회가 새롭게 세워질 수 있었던 것이다.

Chapter 5

오직 '믿음' 하나면
충분하다

믿으면 표적도 가능하다

예수님은 믿음에 대해 강조하시면서 독특한 약속을 하나 하셨다. 바로
예수님보다 더 큰 일도 할 수 있다는 것이었다.

내가 진실로 진실로 너희에게 이르노니 나를 믿는 자는 내가 하는 일을 그도
할 것이요 또한 그보다 큰일도 하리니 이는 내가 아버지께로 감이라(요 14:12)

또한 믿는 자들에게 따르는 표적이 나타난다고 약속하셨다.

믿는 자들에게는 이런 표적이 따르리니 곧 그들이 내 이름으로 귀신을 쫓아 내며 새 방언을 말하며 뱀을 집어올리며 무슨 독을 마실지라도 해를 받지 아니하며 병든 사람에게 손을 얹은즉 나으리라 하시더라(막 16:17-18)

성경에 분명히 기록되어 있는 그 약속은 언제까지 유효할까. 제자들이 사역을 하는 동안에만 유효할까? 그렇지 않다. 지금 이 순간에도, 현재를 살아가는 우리 모두에게도 여전히 유효했다. 그리고 나는 그것을 분명하게 목격한 사람이기도 하다. 특별히 처음 개척을 하며 어려웠던 시절, 그런 표적 하나하나가 우리에게는 얼마나 큰 힘이 되었는지 모른다.

믿음으로 고치실 것이기에 믿음으로 나아갔다

사모는 결혼 후, 몰랐던 병을 발견하게 되었다. 목에 뭔가가 오돌토돌 나는데 심상치 않았다. 병원을 가보니 임파선에 문제가 있다고 했다. 그때만 해도 별 일 아닐 줄 알았다. 그러나 별 일이었다. 아주 큰일이었다. 정확한 병명은 결핵성 임파선이었다.

결핵약 주면서 먹으라고 하는데 순간 사모는 생각했다.

"믿음으로 고쳐야겠다."

의사를 못 믿거나 병원을 못 믿어서가 아니었다. 때로는 병원치료를 통해 하나님이 역사하시기도 한다는 것을 잘 안다. 하지만 그때는 뭔가 믿음으로 고치실 것 같은 성령의 감동하심이 있었던 것이다.

사실 그 병은 꽤 무서운 병이라, 그 병에 걸린 사람은 결혼도 하면 안 되고 아이도 낳으면 안 된다고 했다. 수술하다가 목이 떨어져 죽는다는 소문까지 있던 그런 병이었다.

믿음으로 고치신다는 감동하심이 있고난 후, 사모는 그 병을 단 채로 맨손으로 교회 건축 현장에 나타났다. 교회를 짓게 되었는데 뭔가 문제가 생겨, 직접 우리가 현장에 투입해야 하는 기가 막힌 상황이 발생했고 사모도 결국 나선 것이다.

그때 사모는 직접 벽돌을 놓으며 온몸을 다해 건축 현장에서 헌신을 했다. 여성의 몸으로 하기 힘든 일을, 병까지 단 채로 그렇게 했다. 아무래도 믿음을 보시는 하나님을 의지한 채로 그렇게 나왔던 것 같다.

그것도 모자라 100일간 아침 금식을 하며 기도까지 했다. 그런데 100일을 며칠 남겨둔 어느 날, 만져보니 목에 있던 오돌토돌한 것이 다 없어진 것이었다. 우연도 아니고 임시적인 것도 아니었다. 완쾌가 되어 버린 것이었다.

믿음으로 치유하신다는 것을 샘플로 보여 주신 하나님

교회 짓느라 고생을 하여 더 아파야 마땅한데 하나님은 오히려 온전히 치료를 해주셨다. 그 이후로도 하나님의 신유의 역사로 함께해 주셨다. 물론 막무가내로 치료를 거부한 채 믿음으로 버티겠다는 것이 아니다. 적어도 하나님이 믿음을 보신다는 사인을 주실 때, 그때 잠잠히 기다리겠다는 것이었다.

이후, 부산에 와서 그토록 아프고 괴롭다는 대상포진에 걸렸을 때도 사모는 약을 포기하고 하나님의 치료를 믿었다. 그때 역시 믿음을 보실 거라는 감동을 받았기 때문이다. 그러던 어느 날, 사모가 버스를 기다리는데 갑자기 통증이 다 사라지고 몸에 있던 증상도 사라지는 역사를 경험하게 되었다.

우리는 가장 어려운 시기, 오직 하나님의 방법으로 병을 치료해 주시는 것을 보고 이런 생각을 했다. '우리가 신유역사의 샘플이 되는구나!' 적어도 목회자가 하나님의 능력으로 온전히 치유되는 것을 보면, 따라가는 성도들도 하나님의 능력을 더 생생히 목격하게 되지 않겠는가! 그러기에 하나님은 사모를 통해 역사하셨고 사모에게 믿음으로 치유될 거라는 마음을 허락하셨던 것이다.

그렇게 우리는 분명히 체험했고 분명히 목격했다. 오직 믿음으로 치유되는 기적을! 그리고 그것은 표적이었다. 개척하느라 고군분투하는 우리를 하나님이 돕고 계시다는, 위로와 은혜의 사인이자 사랑의 표적이었다.

성령님의
인도하심

Part 2

당신의 운명,
어디 한번
바꿔 보시겠습니까?

그리스도인이 누릴 수 있는 최고의 특권은 무엇일까? 그것은 바로 새로운 피조물로 살 수 있다는 것이다. 하나님의 자녀로서, 예수님의 신부로서 새롭게 탈바꿈할 수 있다는 것, 이 얼마나 축복인가!

나는 복음을 전할 때마다 이 사실을 알리는 것에 집중했다. 예수만 믿으면 당신의 운명이 바뀌고 당신의 미래가 바뀔 수 있다는 것! 그것을 반드시 알리고 싶었다. 그리고 그 가운데서 성령은 역사하셨고 회복의 기적을 열어 주셨다.

개척 시절, 유난히 기억에 남는 분들이 많다. 세상의 자녀에서 하나님의 자녀가 된 소중한 분들. 그분들의 이야기를 이제 나누어 볼 것이다. 그들이 새로운 피조물로 새롭게 태어나던 그 순간들을 나는 결코 잊을 수가 없다.

그리고 앞으로도 그 감격을 기억하며 복음을 전할 것이다. 한 사람이라도 더 하나님의 자녀로 돌아올 수 있도록! 그리고 그들이 주님 안에서 온전한 변화를 누릴 수 있도록!

Chapter 6

잊으려야 잊을 수 없었던
첫 성도

하나님이 만드신 세상에 운명이라는 것이 존재할까?

'팔자'는 한국인들이 많이 쓰는 단어 중 하나다. 한탄할 만한 일 앞에서는 "아이고, 내 팔자야." 하면서 푸념하고, 잘나가는 사람을 보면서는 "저사람, 팔자 좋구먼!" 하면서 부러움을 표한다.

'팔자'라는 말을 많이 쓴다는 것 자체가 한국인들의 사고에 운명론적인세계관이 반영되고 있음을 방증해 준다. 운명에 너무 집착한 나머지, 과도한 불안에 사로잡혀 있는 사람들도 많다. 자기 부모가 50대에 위장병으로 사망하였거나 30대 과부가 되었으면, 자기도 그렇게 되지 않을까 두려워한다. 그래서 집안에 어려움과 불행이 겹치면 그 불행한 운명을 피하기 위해, 조상의 묘를 이장한다거나 무당을 불러 굿을 벌이기도 한다. 심지어 개명하는 경우도 비일비재하다. 이것은 먼 옛날 한국 사회의 이야기가 아니다. 첨단 문명의 시대인 오늘날에도 흔히 일어나는 일이다.

운명이 과연 존재할까? 성경을 아무리 뒤져보아도 운명이란 말이나 운명의 의미를 지니고 있는 말은 찾아볼 수 없다. 선하고 좋으신 하나님이 창조한 이 세상에 자질구레한 운명신 따위가 존재할 리 없다.

분명히 알아두어야 한다. 이 세상에는 운명은 존재하지 않는다. 다만 전능하신 하나님의 위대한 계획과 섭리가 있을 뿐이다. 하나님은 정해진 운명을 염려하며 자포자기하거나 비이성적인 행동으로 벗어나려고 하는 것보다, 허락하신 자유의지를 가지고 도전적으로 살아갈 것을 원하신다.

운명은 없지만 복음을 전할 때는 필요한 '운명'이란 단어

앞서도 이야기했듯 운명은 존재하지 않는다. 하나님은 그런 것을 만드신 적이 없다. 그럼에도 복음을 전할 때는 운명이라는 단어를 활용할 필요가 있다. 믿지 않는 사람들에게는 운명에 대한 인식이 강하게 박혀있기 때문이다. 또한 한국 사람들은 평상시에도 운명이라는 말을 자연스럽게 사용하기 때문이다.

따라서 복음을 전할 때는 이 단어를 적절히 활용하면 도움이 된다. 일종의 눈높이 전도라고나 할까.

그런 차원에서 믿지 않는 사람에게 이렇게 표현해 보자.

"예수 믿고 당신의 운명을 바꿔라."

운명을 믿고 있는 사람들의 입장에서는 한번에 이해할 수 있을 법한 말이 아닌가. "운명의 두려움에 떨지 말고, 운명을 개척하며 운명을 바꾸어 나가자.", "운명을 변화시키는 길은 바로 예수 그리스도를 영접하는 것이다."와 같은 말들로 그들의 인식 세계에 가까이 다가가야 한다. 예수 그리스도를 영접함으로써 새 생명을 얻게 되고 하나님의 자녀, 천국 백성이 된다는 것을 '운명이 바뀌는 것'으로 설명하는 것이다. 더 나아가 성경에 나오는 '새로운 피조물'(new creature)이란 말도, '새롭게 지음 받은 존재'란 뜻을 가지지만 한편으로는 '운명이 바뀐 상태'라고 설명해 줄 필요가 있다.

그런즉 누구든지 그리스도 안에 있으면 새로운 피조물이라 이전 것은 지나 갔으니 보라 새 것이 되었도다(고후 5:17)

개척 후 사람들의 운명을 바꾸어 주기 위한 첫걸음이 시작되었다. 전도가 일평생 감당해야 할 사명이라지만, 개척 시절의 전도는 유난히 기억에 남는다. 1970년대, 지금보다 운명에 더 집착하던 불신자들을 하나님께로 인도하며 운명을 바꾸어 주던 그때의 기억이 아직도 생생하다. 무엇보다 절박했던 개척 시기였기에 더 강력하게 기억에 남을 수밖에 없다. 한 사람, 한 사람의 스토리가 너무도 생생하게 남아 있다.

한 명이 아쉬운 개척교회라지만, 수평이동은 안 된다

개척하고 나서 처음으로 전도된 첫 성도 가정 이야기를 빠뜨릴 수 없다. 그리고 그분의 이야기를 하기에 앞서 그분을 만나기 전에 있었던 이야기도 잠시 소개해 보고 싶다.

개척한 지 얼마 되지 않았을 때였다. '교회가 들어섰다'는 소문을 듣고 세 분의 여성이 교회를 찾아왔다. 간판도 없는 일반 집이었는데, 어떻게 그런 소문만으로도 찾아올 수 있었는지 신기했다. 이제 성도가 세 명 늘어나겠다 싶어 내심 반갑기도 했다. 그러나 그분들의 자초지종을 듣고 나자마자, 교인 수 증가라는 부푼 꿈은 사라져 버리고 말았다.

그분들의 신앙 스펙은 이렇다. 세 분 중 한 분은 옆 교회 여선교회 회장이었고, 다른 분은 권사였다. 그리고 나머지 한 분도 교회를 잘 다니는 평신도였다. 예수님을 알지 못하는 사람들이 아니라 이미 다른 교회에 잘 다니고 있는 분들이었던 것이다.

그런 분들이 '이 교회에 다니겠다.'고 했다. 내심 기뻤지만 차마 허락할 수 없었다. 그분들을 우리 교회로 데려올 수는 없었다. 복음을 전하여 잃어버린 영혼을 우리 교회로 데려오는 것은 목사로서 당연히 해야 할 일이지만, 수평이동을 통한 교인 수 증가는 과감하게 포기해야 할 일이었기 때문이다.

물론 아쉽지 않다고 하면 거짓일 것이다. 아깝기도 했고 모른 척한 채 받아들이고 싶기도 했다. 그러나 돌려보냈다. 남의 교회 교인을 뺐으면 안 되는 거니까.

돌아가라고 하자 결국 여선교회 회장님은 '어디 두고 보자.'는 식으로 말하며 다른 두 분과 가 버리셨다. 한 사람이라도 교회로 데려오고 싶어 하는 개척 교회 전도사에게 하나님은 왜 하필 기존 교회 성도를 보내셨는지….

그러나 단호하게 거절하고 난 어느 날, 여선교회회장이 다시 찾아오더니 나에게 물었다.

"그러면 안 믿는 사람 전도는 합니까?"

그러면서 자기 집 문간방에 남묘호렌게쿄를 믿는 중풍병자 한 사람을 나에게 소개했다. 그러나 그때도 내가 나서서 간다고는 할 수 없었다. 다른 교회를 섬기는 성도였기 때문이다.

"다니시는 목사님께 부탁하시오."

"우리 목사님은 큰 회사 사목이시라 바쁘셔서 전도하기 어려우십니다."

"알겠습니다. 그렇다면 제가 가죠."

하나님은 그렇게 그분들을 통해 첫 새신자를 만나게 하셨다. 비록 그 세 분은 돌려보내 드릴 수밖에 없었지만, 그분들의 발걸음 역시 하나님이 마련해 두신 것이었다. 나는 그런 발걸음 하나하나가 하나님의 은혜이자 인도하심임을 생생하게 느꼈다.

복음을 피하려고 하면 있는 힘껏 복음 안으로 밀어넣어라

'남묘호렌게교를 믿는 중풍병자.' 이 정보 하나만 가지고 소개받은 그 사람의 집으로 갔다. 솔직히 걱정도 앞섰다. 본인들이 직접 전도할 수 있는데도 불구하고 전도사인 나에게 맡겼다는 것은 뭔가 복음을 전함에 있어 어려움이 있기 때문이 아니었을까.

아니나 다를까, 집 대문에 들어서자마자 그분은 지팡이 잡고 도망가려고 했다. 왜 여선교회 회장이 따로 부탁을 했는지 알 것 같았다. 도망부터 가려고 하는데 어떻게 복음을 전하겠는가.

하지만 그런 그 사람도 개척교회 전도사의 패기는 당해낼 수 없었다. 아니, 개척교회 전도사를 통해 역사하시는 하나님의 놀라운 뜻을 거스를 수 없었다. 그때 나는 그를 집 안으로 밀어넣었다.

"나도 사람이고 당신도 사람인데 들어가시죠."

강제로 밀어서 넣고 일단 자리에 앉았다. 그도 어찌할 도리가 없다고 여겼는지 다시 앉았다. 그에게 물었다.

"선생님은 누구를 믿습니까?"

"저는 본존님을 믿습니다."

본존님? 남묘호렌게교에 대한 정보가 없어서인지, 무슨 말인지 잘 못 알아들었다. '본존님'이 '본전님'으로 들렸다. 순간 뭔가 그럴듯한 말이 연상되기도 했다.

'그렇다면 믿어봤자 본전이군!'

잠깐 그런 생각을 하다가 성경을 펴서 창세기 1장 1절을 읽게 했다.

"자, 한번 크게 읽어 보시오."

"태초에 하나님이 천지를 창조하시니라."

아마 처음으로 접하는 성경구절이 아니었을까. 나는 물었다.

"누가 천지를 창조했다고 되어 있나요?"

"하나님….."

"난 본존님이 있는지 없는지 모릅니다. 누군지도 모릅니다. 그런데 믿을 거면 원(元) 하나님을 믿으세요. 중간 신 믿지 말고."

그때였다. 그 사람의 부인이 벌떡 일어났다. 참고로 부인은 중풍에 걸린 남편을 대신에 남한산성에서 떡을 팔아왔다. 그러다 몸살이 나서 누워있는 중에 나를 만나게 된 것이다. 내가 갔을 때, 그분은 두꺼운 이불을 쓰고 있었다. 3월이라 봄기운이 완연해지기 시작했음에도 불구하고 몸살기운에 떨고 있었다.

그런데 하나님을 믿으라는 말을 듣자마자 벌떡 일어나 버렸다. 나는 그 자리에서 두 사람을 안수해 주었다.

4시간 거리로도 안 고쳐지던 병, 30분 거리로 치유되다

얼떨결에 이루어진 첫 심방. 아니 우리 시각에서는 얼떨결에 이루어진 것이지만, 하나님의 시각에서는 특별한 섭리 가운데 진행된 첫 심방이 그렇게 끝났다. 나는 나오면서 남묘호렌게쿄 책을 다 챙겼다. 가지고 가서 읽어보겠다고 하며 다 가져온 뒤 대충 읽고 나서 아궁이에 던져 없애버렸다. 그 가정에 더 이상 남묘호렌게교의 자취가 사라지기를 간절히 바라는 마음을 담아 완전히 흔적을 없애 버렸다.

이후 그 부부는 우리 교회에 다니기 시작했고 하나님은 그들을 치유하셨다. 하나님께로 나아오기 전만 해도 병을 치료하기 위해 4시간 거리의 시내 중심까지 걸어가야 했다. 병원비가 없다 보니 아픈 몸을 끌고 그렇게 왕래했다. 그러니 낫기는커녕 병이 더 심해질 수밖에 없었다.

그에 비해 당시 우리 교회는 30분도 채 안 걸리는 거리에 있었다. 놀랍게도 교회에 출석한 지 두 달 만에 병이 완전히 나았다. 당시 사모나 아이들을 제외하고, 성도라곤 그 부부밖에 없다 보니 오직 그 가정만 붙잡고 기도할 수밖에 없었다. 기도하면서 점점 나아지더니 결국 지팡이를 버리고 완전히 치유된 몸으로 신앙생활 할 수 있었다.

그 부부가 우리 교회의 첫 성도이자, 개척한 후 처음 만나게 된 새 가족이었다. 이름도 결코 잊을 수 없는 분, 박동섭 씨. 그렇게 박동섭 씨의 운명이 바뀌어 버렸다. 몸도 치유되었고 영혼도 회복되었다. 오랜 우상의 늪에서 벗어나 하나님의 자녀로 거듭났다. 이젠 박동섭 씨가 아니라, 하나님의 자녀인 박동섭 성도였다.

Chapter 7

눈높이를 맞춘 채로
마음 문을 두드리라

꿈이 바뀌면 운명이 바뀐다

예수님이 이 땅에 오신 때를 기준으로 인류의 역사는 양분된다. B.C.(기원전)와 A.D.(기원후)로 갈라지는 것이다.

마찬가지로 예수를 믿으면 우리 인생도 바뀐다. 예수 믿기 전의 인생과 믿은 후의 인생이 달라지는 것이다. 부분적인 변화가 나타나는 것이 아니라, 아예 신분 자체가 바뀌어 버리니 새로운 인생이 펼쳐진다고 보면 된다. 죄인이 변하여 의인이 되고, 마귀의 노예에서 하나님의 자녀가 되고, 저주가 변하여 축복이 되니, 말 그대로 운명이 바뀌는 것이다. 세상 표현으로 팔자가 바뀌는 것이다.

특히 운명이 바뀌는 것은 꿈이 바뀌는 것과도 연관이 된다. 이 세상 사람들은 꿈을 꾸며 살아간다. 그냥 잘 먹고 잘사는 것이 꿈인 사람도 있고 특정 직업을 가지고 특정 지위에 오르는 것이 꿈인 사람도 있다. 혹은 보다 많은 사람에게 선한 영향력을 끼치는 것을 꿈으로 삼는 사람도 있다.

그런데 중요한 것은 꿈에 따라 그 인생도 바뀌게 된다는 것이다. 돈 많이 버는 꿈을 꾸는 사람은 돈과 관련된 것들만 보게 되고 명예와 관련된 꿈을 꾸는 사람은 높은 자리에 오르는 것에만 집착하게 된다. 그만큼 꿈이 어떠하냐에 따라 그 인생은 완전히 바뀔 수 있다. 실제로 세상에서 성공적인 지위를 얻는 꿈을 꾸며 열심히 공부하고 일하던 어떤 여성이 결혼을 하고 사랑스런 아이를 낳았다고 해보자. 그리고 그 순간부터 아이를 건강하고 안전하게 잘 키우는 것을 꿈에 우선순위를 두게 되었다고 해보자. 그럼 그 여성이 살아가는 모습은 완전히 바뀌게 될 것이다. 이전까지 그녀의 삶이 성공을 위해 공부하고 준비하던 모습으로 채워져 있었다면 그때부터는 아이에게 시간을 쏟는 것에 주력을 하게 되는 것이다. 아마도 그 여성은 아이가 갑자기 아프다면 그 이전까지 중요하게 여겼던 일들을 다 뒤로 하고 아이를 돌보는 데에 집중할 것이다. 그만큼 꿈은 사람의 삶을 완전히 바꾸어 놓을 수밖에 없다.

성경에 나오는 혈루병을 앓던 여인도 마찬가지였다. 열두 해 동안이나 그 병을 앓던 여인은 수많은 세월 동안 많은 의원에게 많은 괴로움을 받아 왔다. 병을 치료하기 위해 가진 것도 다 허비하여 빈털터리가 되었지만 정작 건강엔 아무 효험도 없어 도리어 더 병만 중하여졌다. 그런 중에 그녀는 예수님의 소문을 들었고 새로운 꿈을 갖게 되었다.

"내가 그의 뒤로 가서 그의 옷에만 손을 대어도 구원을 받으리라."

그녀는 예수님을 찾아갔고 예수님의 옷자락을 만졌다. '주님의 옷자락에 손만 대어도 나으리라'는 꿈이 실현되는 순간 그녀의 인생도 변했다. 생각과 꿈이 그녀를 행동하게 했고 그녀의 병을 낫게 했고 운명을 바꾸어 놓은 것이다.

시부모를 전도하겠다는 꿈

우리 교회에 제 발로 찾아왔던 세 명의 여성 중 김방실이라는 성도님이 있었다. 그분이 나중에 따로 찾아오더니 이런 이야기를 했다.

"전도사님, 우리 시아버지, 시어머니가 불교와 유교에 빠져있는데 제가 교회 간다고 날마다 곰방대로 때려요."

며느리가 교회를 간다는 이유로 곰방대까지 동원해 가며 때릴 이유가 있을까? 그러나 말도 안 되는 일이 그분의 가정에서 아무렇지도 않게 펼쳐지고 있었다. 교회 간다는 이유로 때렸던 이유는 다름 아닌 제사 때문이었다. 그것도 조상에 대한 제사가 아니라, 자신의 제사 때문이라고 했다. 영암 사람이라던 시아버지의 걱정은 바로 '며느리가 교회 다닌다는 이유로 자신의 장례도 제대로 안 치러주고 제사도 안 지내면 어떡하나.'는 것이었다.

하지만 김방실 성도에게는 자신을 학대하는 시부모님을 전도하겠다는 꿈이 있었다. 그 어떤 이들이 가진 꿈보다 거룩하고 위대한 꿈이 아니었을까. 그 꿈을 안고 개척교회 전도사를 찾아와 그렇게 간절히 간청했던 것이다.

물론 기존에 다니는 교회에서도 노력할 만큼 했던 건 사실이다. 그러나 목사님도 열심히 도우셨지만 복음을 전할 시도조차 하기 어려웠다고 한다. 들어가는 순간 곰방대가 날아오니 예수님의 '예'자도 꺼내지 못한 채 문전박대당하기 일쑤였던 것이다. 그런데 목사님도 하기 어려운 것을 개척교회 전도사가 어떻게 한단 말인가. 하지만 여의도순복음교회 청년부 시절, 7, 8년간 전도하던 담력이 있었기에 담대히 찾아갔다. 복음을 전하는 것도 결국은 하나님이 하시는 일이라 믿고 나아갔다. 우리는 도구일 뿐, 그냥 하나님의 인도하심에 따르면 되는 게 아닌가.

김방실 성도의 집은 역시나 분위기부터 범상치 않았다. 대문을 열어보자 시부모 두 분이 마루에 한복을 곱게 입고 앉아있었다. 그런데 작은 체구여서 그런지 점잖게 앉아 계신 그 모습이 괜히 귀여워 보이기까지 했다. 나는 그분들에게 90도로 허리를 굽혀 정중하게 인사드렸다. 나를 보자마자 여든이 넘은 시아버지 되시는 분이 물었다.

"누구단갑요?"

"예. 전도사입니다."

목사가 아닌 전도사인 것이 얼마나 다행스런 일이었는지 모른다. 목사라고 했으면 벌써 곰방대가 날아가고도 남았다. 그런데 두 분 입장에서는 '전도사'라는 말이 난생 처음 들어보는 말 아닌가. 그러니 전도사가 뭐하는 사람인지도 모르고 나를 내치지 않았다.

전도하려면 먼저 상대의 눈높이에 맞추어야 한다

나는 이미 그분들이 중시하는 것이 무엇인지 잘 알고 있는 터라, 그분들이 좋아하실 만한 이야기를 했다. 유교 문화에 깊이 뿌리박혀 장례와 제사를 중시하는 그분들에게 나는 이렇게 말했다.

"제가 돌아가신 분 20여 명 정도 직접 다 닦고 염을 해보았습니다. 틀어막을 것 다 틀어막고 옷 입히고 묶는 것까지 다 하는데, 신기하게도 어떤 분은 잠자는 것처럼 부드러운데 어떤 분은 그리도 뻣뻣할 수가 없어요."

본인들이 관심 있는 이야기를 하자 두 사람은 솔깃하기 시작했다. 아마도 궁금했을 것이다. 대체 어떤 사람이 잠자는 것처럼 부드러운 몸을 가진 채로 죽는지를. 나는 이어서 대답했다.

"예수 믿는 사람이 부드럽고 평안하게 죽어요."

신기함 반, 의아함 반으로 나를 보는 듯했다. 나는 얼른 말을 이어갔다.

"할아버지, 할머니도 우리 교회 오시면 돌아가실 때 그렇게 만들어 드릴게요. 약속합니다."

그렇게 두 분은 교회에 나오게 되었다. 그 두 분이 우리 교회 두 번째 성도, 박형섭 할아버지, 천몽구 할머니다. 사실 다른 누군가에게 저런 이야기를 한다고 한들, 교회로 발걸음을 할 수 있을까? 죽은 후에 몸이 부드러워지는 것 하나 기대하고 온다는 것은 거의 있기 어려운 일이다. 지금 눈에 보이는 복이 주어진다 해도 '올까, 말까' 할 텐데…. 그러나 그분들은 제삿밥 못 얻어먹을까 봐 며느리를 학대하던 사람들이었던 만큼, 오히려 장례 이야기로 전도에 성공할 수 있었다.

전도에는 정답이 없다. 알맹이에 해당하는 복음이야 분명하고 명확하게 전달해야 하지만, 전하는 방법은 천차만별이다. 상대방의 눈높이에 맞추는 것, 그것이 지혜다. 오로지 돈에만 관심이 많은 사람에게 '죽으면 하나님 나라 들어갑니다.'라고 말한다 해서 복음이 귓가에 들어올까? 일단 예수님에게 관심을 갖게라도 하려면 그들이 관심 있는 것으로 시작해야 한다. 하다 못해 '예수 믿어야 부자 된다'라는 식으로 접근하는 게 맞다. 교회에 발걸음이라도 하게 해야 그 다음에 하나님과 인격적인 만남도 갖고 성령을 통해 변화되는 역사가 일어날 테니까. 복음의 진정한 가치를 전하는 것은 교회 안에서 해도 된다. 밖에서는 우선 그들의 눈높이에 맞추는 것이 중요하다.

어쩔 수 없이 허락하게 된 수평이동

한편 할머니는 다리가 불구셨다. 한쪽 다리가 종아리 아래로 절단되어 지팡이를 잡고 다니셔야 했다. 그러다 보니 교회를 간다고 해도 며느리인 김방실 성도가 부축해야만 했다. 결국, 김방실 성도는 본래 다니던 교회의 목사님을 찾아갔다.

"시부모님이 개척교회에 다니게 되셨어요. 그런데 어머님이 다리가 잘려 제가 부축해 드려야 할 텐데 교회를 옮겨도 될까요?"

당시 김방실 성도가 다니던 교회 목사님은 회사에 소속된 사목이셨다. 그분은 김방실 성도에게 정식으로 흔쾌히 허락을 해주었고, 그렇게 김방실 성도와 시부모 내외가 우리 교회에 출석하게 되었다.

사실 세 분의 여성 성도님이 우리 교회에 오겠다고 찾아왔을 때 수평이동은 받아들일 수 없어 아쉽게도 돌려보내야 했다. 하지만 하나님은 우리 교회에 와야 할 성도라면 결국 어떤 방식으로든 오게 하셨다. 그러니 우리는 교인 수를 늘리는 일보다 복음을 전하는 것 그 자체에만 집중하면 되었다. 교인이 늘고 줄고는 하나님이 알아서 하실 일이었다.

역시나 그들의 결말은 달랐다

"돌아가실 때 부드러운 몸으로 돌아가게 해드리겠다."고 약속하며 전도했던 할아버지와 할머니. 그 두 분은 훗날 어떤 결말을 맞았을까?

전도한 후 4, 5년 정도가 지나 두 분 모두 천국에 가셨다. 할머니가 먼저 돌아가시고 열흘 사이에 할아버지가 돌아가셨는데 역시나 살이 보들보들했다. 평안한 인생을 살다 가신 사람처럼. 하나님께서 약속을 지킬 수 있게 해주셔서 감사했고 평안히 하나님 품에 안길 수 있어 감사했다. 그리고 시부모님을 주님께로 데리고 오기 위해 고군분투했던 김방실 성도에게서도 많은 도전을 받았다. 며느리가 아니었으면 그분들의 결말은 어떠했을까. 그분들의 운명이 바뀔 수 있었을까. 시부모를 전도하겠다는 꿈을 가진 며느리, 그 꿈대로 영원한 행복을 선물한 며느리야말로 세상 최고의 며느리가 아닐까.

Chapter 8

하나님을 만난 자, 하나님을 전하게 된다

죽음의 길에서 방향을 틀게 하시는 예수님

남편을 잃어 허망하게 살아가던 여인이 있었다. 얼마나 사는 것이 처절하고 곤궁했을까. 아무래도 삶의 희망이라곤 남은 자식 하나뿐이었을 것이다. 남편이 없는 만큼, 자식을 더 의지했을 것이고, 그나마 자식을 보며 삶의 의지를 가졌을 것이다.

그런 여인에게 더 처참한 일이 발생했다. 그녀의 삶에서 하나 남은 존재, 아들이 죽어버린 것이다. 과부로 살아가는 것도 버거운 중에 남은 희망마저 사라졌으니 그녀의 심정은 얼마나 처참할까. 죽은 아들의 관을 들고 가는 심정이 어떠했을까.

이 이야기는 누가복음 7장에 나오는 '나인성 과부의 이야기'다. 그녀는 죽은 아들의 장례 행렬 속에서 세상에서 가장 슬픈 걸음을 하고 있었다.

그런 그녀에게 누군가가 다가오셨다. 예수님이셨다. 예수님은 그녀의 아픔을 다 아셨다. 그녀의 허망함과 상실감을 그 누구보다 정확히 알고 계셨다. 그리고는 그 과부에게 울지 말라고 말씀하셨다.

그게 다가 아니었다. 아들이 들어가 있는 관에 손을 대시고 일어나라고 말씀하셨다. 누가 보아도 말도 안 되는 상황을 아무렇지도 않게 연출하시는 것이다. 하지만 도무지 말이 되지 않는 그 명령을 듣고 아들이 일어났다. 몸도 멀쩡했고 정신도 멀쩡했다. 언제 죽었었느냐는 투로 어머니에게 아무렇지도 않게 말도 했다.

> 그 후에 예수께서 나인이란 성으로 가실 새 제자와 많은 무리가 동행하더니 성문에 가까이 이르실 때에 사람들이 한 죽은 자를 메고 나오니 이는 한 어머니의 독자요 그의 어머니는 과부라 그 성의 많은 사람도 그와 함께 나오거늘 주께서 과부를 보시고 불쌍히 여기사 울지 말라 하시고 가까이 가서 그 관에 손을 대시니 멘 자들이 서는지라 예수께서 이르시되 청년아 내가 네게 말하노니 일어나라 하시매 죽었던 자가 일어나 앉고 말도 하거늘 예수께서 그를 어머니에게 주시니(눅 7:11-15)

과부와 죽은 아들이 가던 그 길은 죽음의 길이었다. 아들은 실제로 죽어

무덤을 향하고 있었고 과부 역시 하나 남은 삶의 희망을 버린 채 죽어가는 모습으로 그 길을 가고 있었다. 그러나 그 길에서 예수님을 만나자 다시 살았다. 무덤으로 향하던 그가 살아서 성으로 되돌아갔다.

한때 우리도 죽음 길로 가고 있었다. 영원한 멸망의 길로 가고 있었다. 그 가운데서 주님을 만났고 생명의 길로 돌아갈 수 있었다. 한 인생이 주님을 만나면 가던 길이 바뀐다. 죽음의 길에서 생명 길로 돌아서는 일이 펼쳐진다.

그런 인생 최고의 터닝 포인트를 경험한 우리가 해야 할 것은 다른 사람들이 생명의 길로 돌아설 수 있도록 복음을 전하는 것이다. 죽음의 언덕을 오르지 않도록, 죽음의 절벽 아래로 떨어지지 않고 영원한 생명의 길로 방향을 바꾸도록 이끌어 주어야 한다. 그것이 먼저 방향 전환의 복을 입은 사람들이 해야 할 일이다.

죽어가던 아들이 살아나기 시작하다

앞서 시부모를 전도하여 운명이 완전히 바뀌게 된 김방실 성도의 이야기다. 김방실 성도는 그 시절, 이름만큼이나 방실방실한 얼굴을 가지고 있었다. 늘 웃는 얼굴에 착한 눈을 소유했던 그 성도님은 선하고 고운 얼굴만으로도 사람들에게 좋은 인상을 남겨주곤 했었다.

그러던 어느 날, 평소와는 전혀 다른 얼굴로 우리 앞에 나타났다. 웃음만이 가득하던 얼굴은 간데없고 새빨갛게 상기된 상태였다. 자초지종을 들어보니 아들이 죽게 생겨서 장례를 치르러 간다는 것이 아닌가.

그분은 과거에 자녀와 관련하여 들었던 이야기 때문에 더 불안하고 초조해 했다. 지난 이야기는 다음과 같다.

전남 영암에서 살던 시절, 한 스님이 지나가다가 낮은 담 너머로 노는 김방실 씨의 네 살 난 아들을 보며 이런 말을 했다고 한다.

"어허! 이 집에 큰 액운이 있겠군요."

급히 부엌에서 뛰쳐나온 김방실 씨가 물었다.

"스님! 그게 무슨 말씀입니까?"

스님은 이어서 이렇게 말했다.

"마당에서 노는 저 아이가 30세가 되면 이름 모를 병에 걸려 죽을 거요."

집에 액운이 있다는 소리에 소스라치게 놀랐는데, 아들이 죽을 것이란 구체적인 말을 듣자 하늘이 무너지는 기분이었을 것이다. 지푸라기라도 잡아서 아들을 살리고 싶어 하는 그녀가 스님에게 물었다.

"그럼 이제 무엇을 해야 하나요?"

"열심히 불공을 드리십시오."

그렇게 불공을 드리다가 성남에 와서 교회에 다니기 시작했는데 아들이 죽어가자 드디어 때가 왔나 싶었는지도 모른다. 절망에 빠진 김방실 성도에게 나는 단호하게 말했다.

"김방실 성도. 당신 아들은 삽니다!"

"당신 아들은 예수 믿고 이미 팔자가 바뀌었어요. 그러니 안 죽어요!"

그러고는 "그런즉 누구든지 그리스도 안에 있으면 새로운 피조물이라 이전 것은 지나갔으니 보라 새 것이 되었도다"(고후 5:17)라는 말씀을 인용하며 그 자리에서 20분가량 기도해 주었다. 점도, 운명도 정해진 것은 없다며, 하나님이 살리신다는 확신을 갖게 해주었다. 그리고 시골로 내려가면 제일 먼저 시골 교회 목사님을 모셔다가 매일 예배를 드리라고 했다. 하루에 세 번씩!

그 이후 한동안 소식이 없었다. 영암으로 간 것까지는 아는데, 소식이 없자 걱정이 되었다. 그 시절만 해도 전화 있는 집이 적어, 상황을 알 수 있는 방법이 없었다. 10일이 지나고 20일이 지났다. 무슨 일이라도 일어난 것 아닌가 싶던 차에 다시 그 성도가 방실방실한 얼굴로 돌아왔다. 거의 40일 만의 귀환이었다.

역시나 아들은 살았다. 하나님이 말씀하신 대로 살았다. 나인성으로 가던 죽은 아들이 다시 산 것 같은 기적이 일어났다. 거의 다 죽어가던 아들이 살아난 것이니까.

물어보니, 그곳에 가서 예배를 하루에 세 번씩 드렸다고 했다. 하나님이 나를 통해 전하신 그 말씀에 그대로 순종한 것이다.

나는 40일 가까이 소식이 끊겼으니, 완쾌되기까지 한 달 이상의 시간이 걸렸구나 싶었다. 그러나 여기에는 또 다른 반전이 있었다. 다 낫는데 40일이 걸려서 이제야 성남에 돌아온 것이 아니라는 것이었다. 실제로는 가서 예배드린 지 이틀 만에 일어났다고 했다. 정말로 하나님이 하신 일이었다. 말 그대로 기적이었다.

전도왕이 되어 귀환하다

그런데 왜 40일 후에야 나타난 것일까? 그 성도는 가족과 친지들을 모두 전도하느라 그렇게 많은 시간을 그곳에서 보낼 수밖에 없었다고 했다. 사실 그 집은 종손인 데다가 사는 곳이 집성촌이었기 때문에 아들이 죽는다고 하니 모두 몰려올 수밖에 없었다. 종손이 죽는다는 것은 가문의 슬픔이자 아픔이니까. 절대로 일어나서는 안 될 일이니까. 그렇게 1백 명 가까운 친척들이 다 보는 가운데서 아들이 죽음을 기다리고 있었다.

그런데 예배를 드리는 가운데 그런 기적이 일어났으니 그 성도의 입장에서는 어떠했겠는가. 아들이 살아난 기쁨에 감격하는 것도 모자라, 이때가 전도할 때다 싶었던 모양이었다. 그렇게 그녀는 모인 1백여 명의 친척들은 물론 그 집성촌에 사는 친척들을 찾아다니며 복음을 전하기 시작했다. 그러다 보니 아들이 낫기까지는 이틀밖에 안 걸렸지만, 전도하다 보니 40일가량이 걸린 것이다.

아들 장례를 치른다면서 가던 그 성도가 전도왕이 되어 돌아올 줄 누가 알았겠는가. 그렇게 하나님은 한 사람만의 운명만이 아니라, 그 일가친척의 영혼들의 운명을 바꾸어 주셨다. 마치 이것은 나인성 과부 아들의 사건과도 비슷했다.

모든 사람이 두려워하며 하나님께 영광을 돌려 이르되 큰 선지자가 우리 가운데 일어나셨다 하고 또 하나님께서 자기 백성을 돌보셨다 하더라 예수께

대한 이 소문이 온 유대와 사방에 두루 퍼지니라(눅 7:15-16)

그 이후로 앞서 언급했던 김방실 씨의 시부모가 차례로 돌아가셨다. 놀라운 것은 영암에서 두 대의 버스가 왔는데, 60~70%가 믿는 사람으로 변해 있었다는 사실이다. 그만큼 한 성도의 전도로 많은 이들의 운명을 바꿀 수 있게 되었다.

이처럼 아들이 살아나는 것을 통해 살아 계신 하나님을 만나면 하나님을 전하는 것에 매진할 수밖에 없게 된다. 이 좋은 분을 어찌 전하지 않을쏘냐.

Chapter 9

만나 주시는 분,
그리고 치유를 허락하시는 분

오늘도 갈릴리에서 우리를 기다리시는 예수님

"갈릴리에서 만나자."

이 말씀은 예수님이 부활하신 후 여인들을 통해 제자들에게 처음으로 하신 말씀이다.

예수께서 그들을 만나 이르시되 평안하냐 하시거늘 여자들이 나아가 그 발을 붙잡고 경배하니 이에 예수께서 이르시되 무서워하지 말라 가서 내 형제들에게 갈릴리로 가라 하라 거기서 나를 보리라 하시니라(마 28:10)

왜 예수님은 제자들에게 갈릴리에서 만나자고 말씀하셨을까? 그냥 의미 없이 던지신 말씀일까? 그냥 적당한 장소 같아서 지목하신 것일까?

갈릴리에서 보자는 말씀은 그 자체로 매우 의미심장하다. 갈릴리는 예수님이 제자들과 처음 만난 장소이기 때문이다. 예수님과 제자들의 관계에 있어 갈릴리는 매우 특별한 추억의 장소였던 셈이다. 베드로는 예수님을 처음 만나던 날 이름을 바꾸었고, 빈 배가 만선으로 가득 차는 체험을 했다. 세관에 앉았던 마태는 뜨거운 감동을 받아 주님을 따라나섰다. 무화과나무 밑에 있던 나다나엘 역시 주님께 부름 받았다.

예수님의 열두 제자 중 열한 명이 갈릴리 출신이다. 예수님을 배반한 유다만 가룟 지방 출신이다. 그래서 사람들은 예수님 제자들을 총칭하여 '갈릴리 사람들'이라고 말하기도 했다. 그러니 갈릴리는 제자들에게 고향이면서, 동시에 예수님을 처음 만난 특별한 곳이었다. 다른 이에게는 갈릴리에서 만나자고 하는 말씀이 별 의미 없이 들릴지 모르나, 제자들에게 있어서는 그 자체로 감동을 자아낼 수 있는 것이다.

갈릴리는 구원을 얻은 곳과 말씀과 훈련을 받은 곳, 주님과 3년 반 동안 숙식을 함께 하며 웃고 울던 추억의 장소다. 이제는 죽으신 줄로만 알았던 예수님이 다시 살아나셔서 그 특별한 곳에서 다시 보자 하시니 제자들의 감회는 남달랐을 것이다.

우리에게도 특별한 장소, 갈릴리가 있다

우리에게도 갈릴리와 같은 장소가 있다. 예수님을 처음 만난 장소, 예수님과의 추억이 가득한 장소, 그런 장소가 우리에게도 있다. 한마디로 갈릴리는 예수님과 나만이 공유할 수 있는 특별한 장소다.

예수님은 그곳에서 우리를 기다리고 계신다. 잠시 세상과 벗하며 세상의 재미에 빠져 있는 우리에게 다시 그곳에서 만나자고 하신다. 처음 만나던 그때의 추억을 되새기며 처음 신앙을 회복하라고 하신다. 예수님과의 첫사랑이 다시 타오르기를 기대하신다.

우리는 지금 갈릴리에서 예수님이 우리를 기다리고 계신다는 사실을 상기하고 있는가? 갈릴리에서 만나자는 예수님의 음성에 반응하고 있는가?

나에게 있어 갈릴리와도 같았던 개척교회

파트 1에서 나누었던 텐트 집회는 개척교회 시절, 유난히 특별했던 경험 중 하나였다. 아무것도 없는 허허벌판, 그리고 열 명 남짓 모일 법했던 그 텐트 안에 차고 넘치도록 사람들이 모였던 기억은 하나님의 넘치는 은혜를 느끼게 하는 체험이었다.

집회 기간에 많은 사람이 예수님께로 돌아왔고 교회에 등록하기 시작했다. 앞에서도 언급했던 것처럼, 한 주 동안 어떤 교회는 40명이 등록하는 역사가 일어날 정도였다.

문제는 우리 교회에서 주관한 집회임에도 불구하고 우리 교회 교인 수는 늘지 않았다는 점이다. 그것도 기적이라면 기적이 아닌가 싶기도 하다. 교회 성장을 위한 부흥회가 아니라 오로지 순수하게 복음 전파만을 목표로 했던 집회를 열 수 있었던 것도 쉬운 일은 아니었으니까. 인간적인 생각으로라면 절대 시도하지 못했을 일이었다.

하지만 하나님은 더 큰 복을 허락하셨다. 눈에 보이지는 않지만 하나님의 위대한 인도하심을 집회 전 과정을 통해 볼 수 있게 하셨다. 더불어 한 영혼이 얼마나 소중한지를 알게 하는 기회를 얻게 하셨다.

당시 그 집회를 통해 단 한 사람이 우리 교회에 등록했다. 그 경험은 우리에게 한 영혼의 소중함을 더욱 분명히 알게 해준 계기가 되었다. 어쩌면 한 분이기에 더 기억에 남고 더 소중했는지도 모른다. 아무도 안 올 줄 알았는데, 한 분이라도 와서 그것이 더 감사했는지도 모른다. 한 영혼이 얼마나 소중하고 귀한지를 알게 해주었다고나 할까.

그리고 그때 깨달았다. 하나님이 우리와의 첫 만남을 얼마나 기뻐하셨을지. 하나님 마음을 아주 조금이나마 느낄 수 있을 것 같았다.

예수님은 갈릴리에서 기적을 선물해 주고 싶어 하신다

예수님이 갈릴리에서 우리를 기다리시는 이유는 단순히 추억을 재생하기 위해서만은 아니다. 우리에게 특별한 선물을 주고 싶기 때문이기도 하다. 그것은 바로 기적이다.

예수님은 이 땅에 계시는 동안 총 33회의 기적을 베푸셨는데, 그중 24회는 모두 갈릴리에서 행하셨다. 가나 혼인잔치에서 물로 포도주를 만드신 기적, 귀신 들린 자, 간질 환자, 중풍병자, 나병환자, 반신불수, 손 마른 자, 소경, 귀머거리, 벙어리 치유, 바람과 파도를 꾸짖고 책망하여 잔잔케 하신 일, 열두 해 혈루병 여인을 고치신 일, 야이로의 딸을 살리신 일, 바다 위를 걸으시고 베드로도 걷게 하신 일, 오병이어로 오천 명을 먹이시고, 칠병이어로 사천 명 먹이신 일, 병자들이 주님의 옷자락만 만져도 고침 받은 일. 이 모든 것이 갈릴리에서 일어난 놀라운 역사다. 이처럼 갈릴리는 기적과 이사가 있는 곳이요, 하나님의 살아 계신 능력의 손길이 역사하는 곳이다.

예수님만이 베풀어 주실 수 있는 기적, 세상은 결코 흉내 내지 못할 그 기적을 예수님은 갈릴리에서 베풀어 주셨고 지금 이 순간에도 우리 각자의 갈릴리에서 베풀어 주고 싶어 하신다. 그리고 그것을 베푸시고자 오늘도 기다리신다.

기적이 꼭 기이한 일만을 의미하는 것은 아니다. 삶 속에서 소소한 감동 하나로 내 삶이 회복되는 것도 기적이 될 수 있고, 결코 용서하지 못할 누군가를 사랑으로 품어줄 수 있는 것 역시 기적이 될 수 있을 것이다. 마음이 너무 힘들고 지친 가운데 예상치 못한 누군가로부터 위로하시는 하나님의 마음을 대신 전달받는 것 역시 기적이 될 수 있을 것이다. 그런 기적을 보여 주시기 위해 예수님은 갈릴리로 나오라고 하신다.

텐트 집회에서도 동일하게 일어난 갈릴리의 기적

갈릴리와 같았던 개척교회. 그리고 그 개척교회가 하나님의 인도하심 속에서 열었던 텐트 집회! 그곳에서도 과거에 갈릴리에서 일어난 것과 동일한 기적이 일어났다. 기적 중 하나가 바로 그 집회를 통해 우리 교회에 오신 유일한 한 분. 그분에게서 일어났다.

정양녀 성도님. 그분은 가까운 교회로 가지 않고 물어물어 우리 교회를 찾아왔고 넷째 날 목요일 밤 성회에 조용하던 그분이 갑자기 벌떡 일어나더니 두 손 높이 들고 '할렐루야! 할렐루야!' 하고 소리쳤다. 그래서 유독 눈에 띄는 분이었다. 봉사로 수고해 주시는 여의도 청년들이 앉혀 드려도 다시 일어나곤 했으니 기억이 나지 않을 수 없었다.

그분은 결국 우리 교회에 오셨다. 그분은 외모부터 범상치 않았다. 마치 꼬챙이를 연상시킬 정도로 비쩍 마른 몸을 하고 있었으니 보는 순간 걱정이 밀려올 수밖에 없었다.

성도님의 사연을 듣고 나서야 왜 그렇게 살이 빠질 수밖에 없었는지를 알 수 있었다. 정양녀 성도님은 8살 난 아들을 먼저 떠나보낸 아픔을 겪어야 했다. 자식이 죽으면 가슴에 묻는다는 말처럼, 어린 아들의 죽음은 그녀의 삶을 그대로 정지시켜 버렸다.

그녀는 그대로 병에 걸려 물만 마셔도 토하는 증상을 보였고 그렇게 몸은 말라갔다. 아들의 부재에 대한 스트레스와 아픔이 영양 섭취를 완전히 막아 버린 것이다.

놀랍게도 집회 기간 동안 불이 임하는 것을 느꼈고 그 순간에 나았음을 깨닫게 되었다는 것이다. 그리고 우리 교회 온 이후로 완전히 완쾌가 되었다.

그리고 몇 달 후, 산 쪽으로 심방을 가게 되어 오르막길로 걸어 올라가는데 누군가가 앞에 있었다. 다소 체격이 있는 분이었다. 내가 아는 분일 리가 없기에 나는 아무렇지 않게 스치고 지나갈 뿐이었다. 그때 그분이 나를 불렀다.

"전도사님!"

분명 내가 아는 분일 리가 없다고 생각했는데 돌아보니 그분이었다. 정 양녀 성도님! 무엇보다 더 건강해진 모습에 놀랐다. 너무 말라 안타까움을 자아내던 그 기억을 재생시키기 어려울 정도였다. 우리 교회에 출석하는 동안 완쾌된 모습을 확인했지만 더욱 건강해진 모습을 보며 안심할 수 있었다. 아니 하나님께 감사할 수 있었다. 그리고 그분은 새벽기도는 물론 모든 예배에 참석하며 교회 일에 충성했고 나중에는 회계집사로 헌신했다.

하나님이 베푸시는 기적의 자리에서 기적의 주인공이 되셨던 그분과의 만남이 기쁘지 않을 수 없었다. 갈릴리에서의 기적이 지금 이 순간에도 동일하게 일어난다는 사실을 깨닫게 해주신 그 성도님. 그 성도님에 대한 기억은 나를 다시금 갈릴리로 인도한다.

오늘도 하나님은 갈릴리에서 우리와의 만남을 기다리고 계실 것이다. 그리고 우리에게 베푸실 기적을 준비해 두고 계실 것이다.

Chapter 10

교회를 미워하던 자를
외면치 않으시는 하나님

바울을 버리지 않으신 하나님

예수를 핍박하던 자, 죄인 중의 괴수가 바로 바울(사울)이었다. 지금 바울과 같은 사람이 있다고 상상해 보자. 끔찍하기 이를 데 없다. 오늘날도 중동의 한 지역, 무장단체는 크리스천 선교사들을 이유 없이 죽인다. 방법도 끔찍하고 잔인하다. 그것을 동영상으로 올리기까지 하여 전 세계를 경악하게 만들었다.

사실 바울은 이보다 더 심했다. 이곳저곳을 다 돌아다니며 예수 믿는 자들을 핍박했고 잡아다 죽였다. 그런 사람이 우리 주변에 있다면 아마도 우리는 하나같이 이렇게 기도할 것이다.

"하나님, 저 사람 좀 처단해 주세요."

그러나 하나님은 오히려 그를 들어 쓰셨다. 포기하지 않으셨고 만나주셨다. 회개할 기회를 주셨고, 그 기회를 받아들여 회개한 그를 놀라운 주님의 일꾼으로 사용하셨다.

우리도 복음을 전하다 보면 적대자들을 만나곤 한다. 교회를 핍박하거나 미워하는 자를 만날 때가 있다. 솔직히 상처도 받고 때로는 괘씸하기까지 하다. 그러나 정작 하나님은 그를 포기하지 않으신다. 버리지 않으시고 그들에게도 기회를 주신다. 하나님께로 돌아올 기회, 하나님의 일꾼이 될 기회를.

그러니 우리도 포기해서는 안 된다. 하나님도 버리지 않은 그 사람을 우리가 외면해서는 안 된다.

교회를 손가락질하고 비방하던 아저씨

교회가 새로 이사 간 곳 뒤에는 멋있는 집이 한 채 있었다. 그 아랫집에 철물점이 있었는데 철물점 주인, 김학영 씨는 조금 드센 성향을 가지고 있었다.

주일학교 아이들이 맨드라미를 심어 놓았는데, 누가 심었냐고 하면서 발로 차기 일쑤였다. 교회를 욕하는 것은 그분의 흔한 일이었다.

그러던 중 김학영 씨가 갑자기 눈이 안 보이기 시작했다. 매번 교회를 향해 시끄럽다고 손가락질하던 분이 안 보이시자 조금 의아하긴 했다. 하지만 크게 궁금하지는 않았다.

어느 날 철물점에 살 것이 있어 가보았는데, 그 부인에게서 그분의 안타까운 소식을 듣게 되었다. 자전거를 타다가 떨어져서 햇빛을 정통으로 보게 되었는데 강한 빛에 노출되어 실명하게 되었다는 것이다(백내장). 솔직히 안타깝긴 했지만 그땐 그냥 '그런가 보다.' 하고 말았다. 나와 전혀 상관없는 사람의 이야기처럼 느꼈다고나 할까.

그를 포기하지 않으신 하나님

나의 무관심에도 불구하고 그분과의 관계는 계속 이어졌다. 단순히 괴팍한 이웃, 사고를 당해 안타까운 이웃 정도로만 인식되던 사람이었기에 더 이상 신경 쓰지 않아도 될 줄로만 여겼다. 그러나 그분의 딸, 김현경 자매가 우리 교회에 나오기 시작하면서 이야기는 달라졌다.

원래 자매는 전주 간호대학을 나와서 서울로 취직하러 온 상황이었다. 특히 그 자매는 서울에 있는 병원에 다니고 싶다는 소망을 안고 계속 기도하고 있었다. 나는 그 자매에게 물었다. 서울에서 제일 좋은 병원이 어디냐고. 자매는 세브란스 병원이라고 했다. 그때 나는 담임 전도사 추천서를 써주기로 했다. 우선 주일학교 교사로 봉사하도록 했고, 추천서에 성실하고 교회에서도 교사로 봉사한다고 잘 써 주었다.

얼마 후, 합격했다는 소식을 들었다. 대형 병원인 만큼 경쟁률도 만만치 않았는데, 지방 출신 선발 케이스(각 지방에서 한 명씩 뽑는 시스템)를 통해 그 자매가 들어가게 된 것이다. 추천서가 합격에 한몫했다고 했다고 말하는 것을 보면, 그 자매 역시 하나님의 역사하심을 보다 강력하게 느끼게 되었던 것 같다.

합격하고 난 후 자매는 더 열심히 교회에 나오기 시작했다. 그리고 교회를 반대하던 아버지도 딸이 교회에 나가고 난 뒤 좋은 곳에 취업하게 되자 마음을 열게 되었다. 자매의 아버지, 김학영 씨가 교회에 나오자 나는 이렇게 말했다.

"주일에 나오시는 것만으로는 안 됩니다. 새벽에 나오면 기도해 주겠습니다."

김학영 씨는 한때 버스회사 상무를 하던 분이라 시간을 칼같이 지키던 분이다. 그러다 보니 늦지 않고 정확하게 매일 새벽 4시 10분에 교회에 도착했다. 나는 그분을 위해 매일 아침 안수기도를 해드렸다.

그러던 어느 날 버스를 타고 가는데, 갑자기 시야가 밝아지기 시작하면서 모든 것이 다 보이게 되었다고 말했다. 성경 한 자 한 자까지 다 명확하게 보이게 된 것이다. 그는 그렇게 그 자리에서 완전히 나아 버렸다. 나중에 그 가정은 미국으로 이민 갔는데 나중에 만났을 때에도 아무 이상 없이 멀쩡했다.

김학영 씨, 아니 김학영 성도에게 그 시간들이 예수님을 만나고 병이 치유되는 축복의 시간이었다면, 우리에게는 성경에서만 볼 수 있을 것 같았던 기적이 오늘날에도 펼쳐짐을 확인시켜 주는 소중한 순간들이었다. 그리고 우리 교회를 이끄시는 하나님의 손길을 더욱더 세심하게 느끼게 하는 기회였다.

또 한 번은 이런 일도 있었다. 개척 시절 청년인 자매들이 교회를 많이 다니게 된 적이 있었는데 그들은 다 같은 직장에 다니던 자매들이었다. 한 번은 그 자매들이 다니는 직장 경리 과장 부부(훗날 권선좌, 유문선 집사 부부)가 나를 찾아왔다. 그분들의 말에 의하면, 자매들이 교회에 다니기 전까지는 월급을 탄 지 보름만 되어도 찾아와 가불을 해달라고 요청했다는 것이다. 그러나 교회에 다니고 나서부터는 한 번도 가불하는 일이 없었고 받은 월급으로 저금하고 고향에 보내며 알뜰하게 살아가기 시작했다는 것이다. 사실 이전처럼 돈과 시간을 놓고 옷 사 입는 데 쓰지 않으니 그럴 수밖에 없었다.

그런 변화에 경리 과장 부부는 놀랄 수밖에 없었다. 물론 성실한 모습으로 일도 더 잘하게 되었다고 한다. 결국 경리 과장 부부도 자연스럽게 교회에 나오게 되었다. 이 두 분은 나중에 강남순복음교회(김성광 목사 시무)의 장로가 되었다.

이처럼 하나님은 하나님의 자녀의 삶을 바꾸어 주시는 것은 물론, 그 변화된 삶을 통해 더 많은 이가 하나님께 돌아올 수 있도록 길을 열어주신다. 직접적으로 복음을 전하지 않았는데도 누군가의 삶의 변화를 보고 하나님을 찾게 되는 것, 이 역시 오늘날 우리가 집중해야 할 전도 방법이다.

Part 3

순종하면 그만인데
무슨 고민이
더 필요할까

교회에서 수도 없이 듣는 말이 '순종'이다. "순종해라.", "순종해라.", "순종해라."
설교 시간에도 각종 교회 모임 가운데서도 너무 많이 들어 때로는 잔소리처럼
느껴지는 게 '순종에 대한 명령'이 아닐까 생각한다.

그럼에도 순종을 강조할 수밖에 없는 이유가 있다. 그것이 사는 길이니까! 하나
님이 우리에게 약속하신 가장 좋은 길이니까!

내가 여기까지 온 것도 오로지 순종 때문이었다. 순종으로 구원의 길을 열어 주
신 예수님을 만나게 된 이후로, 순종을 통해 주의 길을 가게 되었고 순종을 통해
그때그때 명하신 사역지를 향하게 되었다. 때로는 말이 안 되는 것 같은 명령도
있었지만, 순종하고 나면 역시나 그것이 나에게는 최상의 것이었다.

이 파트에서는 우리가 지겨우리만치 반복해서 듣는 순종의 가치에 대해 다루
어 보고 싶다. 죽어가는 환자를 살리기 위해 의사가 내린 처방에 그대로 따라야
하는 것처럼, 순종은 우리에게 절대적으로 지켜져야 할 일임을 다시금 깨닫는
시간을 가졌으면 한다. 아울러 순종을 통해 자연스럽게 맺어진 나와 사모의 이
야기. 그리고 순종을 통해 시작된 해외 목회 이야기들을 나누어 보고 싶다.

Chapter 11

목회, 순종으로 시작되고
순종으로 이어진다

순종, 어렵다. 하지만 편하다

그리스도인의 삶의 방식을 한마디로 요약하면 뭐라고 할 수 있을까? 나는 이렇게 말하고 싶다. '순종!'

그리스도인이라면 이거 하나로 충분하다. 그리스도인은 그리스도의 방식대로 사는 사람들이니까. 하나님의 자녀는 하나님의 뜻대로 사는 사람들이니까. 그러니 순종하면 그만이다. 다른 것들이 필요 없다.

누구나 순종하는 것을 어려워한다. 순종하기 어려운 내용을 순종하라니까, 어렵게 느껴질 수밖에 없다. 나도 마찬가지였다. 지금 이 순간에도 순종이 버거울 때가 있다. 정말 내가 이대로 따라야 하나 싶을 때가 한두 번이 아니다. 그러나 돌아보면 알게 된다. 그 길이 최상의 길이자 최적의 방법이자 최고의 선택이었음을!

사랑하는 하나님이 사랑하는 자녀에게 시키는 것이라면 무조건 좋은 것이다. 뒤돌아볼 것도, 옆을 볼 것도 없다. 계산하거나 고민할 것도 없다. 무조건 좋은 것이니 무작정 따르기만 하면 된다. 처음에는 순종하는 삶이 버겁고 순종하라는 명령 앞에서 의아함을 느낄지도 모르겠지만 그 순종이 최상이었다는 것을 여러 번 경험하게 되면, 이제 순종하는 맛을 알게 된다. 지키고 나면 이보다 좋은 것은 없다는 걸 알게 되는 것이다.

만약 이 사실을 분명하게 깨달은 자라면, 이제 순종하는 것만큼 편한 것도 없음을 알게 될 것이다. 순종하는 삶은 더 이상 '고민과 갈등이 필요 없는 삶'이기 때문이다.

불순종으로 시작된 죄의 역사, 순종으로 시작된 구원의 역사

순종은 믿음과 직결된다. 믿으면 순종하게 되고 믿지 못하면 순종하지도 못한다. 하나님을 정말로 믿느냐, 믿지 못하느냐가 결국 순종의 길목에서 갈리는 셈이다. 솔직하게 생각해 보자. 하나님의 사랑을 온전히 신뢰하면 뭐든 못 따를까…. 하라는 대로 다 하게 된다. 신뢰하지 못하니 못 따르고 주춤하는 것이다.

이 믿음은 구원으로 연결된다. 정리하자면 순종은 결국 구원과 한 세트라고도 할 수 있다. 예수님의 구원 역사 전반을 보아도 잘 알 수 있다. 구원 역사의 시작이 예수님의 순종으로 출발했다. 예수님은 사람이 아니다. 피조물이 아니다. 하나님의 아들이다. 그런 하나님의 아들이 피조물의 죄를 대신 담당하러 가라는 뜻에 순종하셨다.

오늘날 수많은 권력자나 부자나 지식인들은 대개 하나님께 순종하기를 싫어한다. 그래서 하나님께 버림을 받을 때가 많다. 그런데 예수님은 하나님이시며, 하나님의 독생자이심에도 불구하고 순종의 본을 보이시려고 기꺼이 이 땅에 내려오셨다. 그뿐만이 아니라, 십자가의 형벌을 달게 담당하셨다.

그가 아들이시면서도 받으신 고난으로 순종함을 배워서 온전하게 되셨은즉

(히 5:8-9)

예수님은 하나님과 동등하신 분이지만, 아버지 하나님께 순종하되, 죽기까지 순종하셨다는 것이다.

너희 안에 이 마음을 품으라 곧 그리스도 예수의 마음이니 그는 근본 하나님의 본체시나 하나님과 동등 됨을 취할 것으로 여기지 아니하시고 오히려 자기를 비워 종의 형체를 가지사 사람들과 같이 되셨고, 사람의 모양으로 나타나사 자기를 낮추시고 죽기까지 복종하셨으니 곧 십자가에 죽으심이라

(빌 2:5-8)

불순종으로 시작된 죄의 역사, 그리고 순종으로 시작된 회복의 역사! 정말로 신기하고 놀랍지 않은가? 아담과 하와의 불순종으로 모든 사람이 죄의 노예가 되었지만, 둘째 아담 예수 그리스도의 순종으로 모든 인류에게 의인되는 길이 열렸다. 그리스도의 그 위대한 순종이 없었더라면, 인류구원도 없었다. 한 분 예수님의 순종으로, 인류의 살 길이 열렸고 그 길 안에 우리가 있다.

한 사람이 순종하지 아니함으로 많은 사람이 죄인 된 것 같이, 한 사람이 순종하심으로 많은 사람이 의인이 되리라(롬 5:19)

구원 역사 안에 들어가는 것, 우리의 순종에 달렸다

순종을 통해 구원의 길을 열어주신 예수님이 우리 앞에 있다. 이제 우리는 따르면 된다. 순종의 기회를 주실 때, 얼른 따라가면 된다. 주춤할수록 우리 손해다. 절대 순종으로 구원의 기회를 주어졌듯 인류는 그리스도에게 순종해야 구원을 얻는다.

자기에게 순종하는 모든 자에게 영원한 구원의 근원이 되시고(히 5:9)

더 감사한 것은 그 구원이 죽은 후에 천국에 가는 것을 의미하는 것만이 아니라는 사실이다. 구원은 지금 이 순간에도 누릴 수 있다. 적어도 하나님의 구원이라면 그렇다. 하나님은 내 삶 자체의 구원, 전인구원을 약속하셨다. 영혼이 잘되고 범사에 잘되며 강건한 축복을 받는 삶이 곧 구원받은 자의 삶이다(요삼 1:2).

예수님과의 첫 만남, 그리고 시작된 순종의 삶

내가 처음 교회에 다니게 된 것은 초등학교(당시 국민학교) 시절이었다. 충북 옥천군 청산에서 태어나 청산장로교회(통합)에서 신앙생활을 했는데, 당시까지만 해도 부모님은 믿지 않으셨고 형제자매들과 나만 교회에 다녔다. 서울에 온 이후로 어머니를 전도하여 권사 직분까지 받으셨지만 그때만 해도 우리 가족이 구원방주 안에 들어올 것이라고는 상상도 못했다(하나님과 상관없이 살아가던 우리 어머니도 후에는 영적 조력자이자 최고의 기도 후원자로 나를 밀어주셨다. 70세를 못 넘기실 거라는 말을 들어오며 약을 달고 사시던 어머니는 96세까지 사시다가 권사로서 생을 마감하셨다).

그런 집에서 주의 종이 배출되었다는 것도 얼마나 큰 은혜인지 모른다. 무엇보다 나부터가 교회를 다닌다고는 하지만 형식적으로 교회를 출석하는 것에 지나지 않았다. 교회에는 다니지만 하나님과 인격적인 만남도 없었고 구원의 은혜에 대한 감격조차 전혀 느끼지 못했던 나였다. 결국 고등학교 때 교회를 떠났다. 그야말로 순종과는 전혀 상관이 없는 삶, 아니 순종에 대한 개념조차 없었던 삶을 살고 있었던 것이다.

한편, 사모는 동대문구 용두동에 살던 시절 처음으로 교회에 나가게 되었다고 한다. 열네 살 청소년 때 동네 가겟집 아이가 교회를 너무 열심히 다니는데, 그 모습이 보기 좋아서 자연히 따라가다가 여기까지 오게 되었다는 것이다. 교회 가는 아이에게 제 발로 나서서 "나도 좀 데리고 가라."고 했다니, 이 시대에 가장 필요한 전도 방법인 생활전도를 그때 제대로 체험하지 않았나 싶다. 교회에 대한 인식이 예전 같지 않아 "예수 믿으라."고 해도 마음이 열리지 않을 이 시대에 삶으로 전도하는 것만큼 좋은 것이 어디 있을까. 사모 자신이 이미 누군가의 삶을 보고 예수님을 알게 되어 생활전도의 가치를 누구보다 잘 알지 않을까 생각된다.

나와 사모는 그렇게 어린 나이에 교회에 다니게 되었고, 성장한 후에는 여의도순복음교회에 다니게 되었다(당시에는 서대문교회였다). 사모가 나보다 먼저 서대문교회에 다니기 시작했는데 당시 출석성도가 3,000명 정도였다.

사모는 조용기 목사님께서 전도사로 사역하실 때부터 서대문교회에 다니기 시작했고, 나는 군대에서 제대한 1969년부터 다니기 시작했으니 지금으로부터 거의 50년 전이라고 할 수 있겠다. 당시 나는 동방속기학원에 다녔는데, 졸업하던 날 김인순 자매님께 전도를 받았다. 그리고 하나님은 서대문교회로 나를 인도하셨다.

당시 서대문교회의 성도는 7,000명 정도였는데, 성도들은 하나같이 정말 뜨거운 신앙을 가지고 있었다. 주일 대예배가 9시 예배, 11시 예배, 그리고 밤 예배만 드려질 때였는데 주일이면 사람들로 미어터지곤 했다. 나갈 때, 들어올 때 밀치는 모습들이 자연스럽게 연출되었다. 오죽했으면 서대문 경찰들까지 동원되어서 관리를 해주었겠는가. 돌아보면 그조차도 추억이다. 하나님을 만나기 위해 나아온 사람들의 모습들, 빨리 예배의 자리로 들어오기 위해 밀치고 들어오는 모습들 하나하나가!

이때만 해도 예상하지 못했을 것이다. 내가 목회자가 된다는 것도, 훗날 이 교회에서 부목사 사역을 하게 된다는 것도…. 그리고 그때부터 나는 여의도순복음교회에서 청년기를 보내면서 '순종해야만 하는 삶' 안으로 완전히 들어오게 되었다.

순종으로 시작된 목회의 길

1970년 봄, 교회에 다시 나온 지 6~7개월쯤 되던 어느 수요일 저녁예배 때였다. 그때만 해도 내 신앙은 꽤 점잖은 편이었다. 말이 좋아 점잖은 것이지, 실상은 뜨거움이 없었다는 것이 옳은 표현인지도 모르겠다. 당시 조용기 목사님은 수요일 저녁 예배마다 강조하셨는데 그날, 은혜 받을 사람은 집에 가지 말고 남으라고 하셨다.

2층에서 1층으로 나와 앉아 기도하는데 마음이 답답했다. 이때 "심령이 가난한 자가 복이 있나니 천국이 저희 것임이요"라는 말씀이 떠올랐다. 그리고 자연스럽게 '감사합니다'라는 고백이 터져 나오는데 그 순간 지난 날 나의 죄들이 파노라마처럼 펼쳐지기 시작했다. 그러면서 참회의 눈물을 터져 나왔고 4시간 동안 참회기도가 이어졌다. 눈물, 콧물로 뒤범벅이 된 상태에서 새벽 4시에 새벽 종소리가 울릴 때까지 기도할 정도였다. 기도를 마치고 나오는데 세상이 얼마나 환하게 보였는지 모른다.

놀랍게도 그 순간부터 달라지기 시작했다. 완전히 새 사람이 된 것이다. 세상과 나는 간 곳 없고 오직 주님만 보였다. 죽으면 죽으리라는 일사각오의 신앙으로 변화된 것이다. 그때부터 청년부와 더불어 병원 전도, 경찰유치장 전도, 남산전도에 열정을 쏟았다. 그리고 여의도순복음교회에서 청년회장까지 역임하게 되었다.

당시 청년들의 전도 열기는 대단했다. 주일 새벽마다 병원(동부시립병원, 중부시립병원)을 다니며 전도했고 점심 먹고 난 후로는 남대문 경찰서에 있는 감옥에 가서 전도했다. 한번은 그곳에서 설교를 한 후, 예수 믿을 사람 다 일어나 보라고 한 적이 있다. 그때 놀랍게도 다 일어났는데, 알고 보니 경찰이 일어나라고 옆구리로 찔러서 일어난 것이었다. 재미난 기억이면서도 그때의 뜨거웠던 시절을 떠올리게 하는 소중한 사건이 아닐 수 없다.

이후, 1973년도에 교회가 여의도로 이전하게 되었다. 본격적인 여의도 시대의 개막이다. 그 시기, 나는 주의 종의 길을 가게 되었다. 경기도 용문산 기도원에서 사명을 받은 후, 늦깎이 신학도가 되어버린 것이다. 이미 결혼까지 한 상황이니 늦다면 늦은 나이였다. 그러나 시기는 중요하지 않았다. 언제라도 순종했다는 것이 중요한 것이니까.

이후 앞에서 나눈 대로 1974년도 신학생 시절부터 부교역자로 사역했고, 신학교 3학년 때 개척을 했다. 그리고 1980년도에 목사안수를 받았다. 목사로 나를 부르신 주님. 그리고 목사로 부름 받은 나! 이제는 더 이상 돌이킬 수 없는 자리에 오게 되었다. 주의 종으로서 완벽하게 들어서게 된 것이다. 그만큼 순종하지 않고는 절대 살 수 없는 그런 존재, 그게 바로 나였다.

Chapter 12

가장 견고한 관계,
순종으로 맺어진 부부다

잠잠히 기다리는 순종적 태도

순종을 어려워하는 이유 중 하나는 '약속의 때가 더디어지기' 때문이다. 순종하면 하나님의 약속이 실현되어야 하는데, 늘 내가 생각한 때에 그 일이 이루어지지 않으니 답답한 것이다. 결국 때를 더 기다리지 못하고 순종을 포기하는 경우가 생긴다.

그러나 잠잠히 기다리다 보면 하나님은 자신이 계획하신 때에 뜻을 이루신다. 이런 순종의 진가를 아는 순종의 대가들은 호들갑을 떨지 않는다. 조급해하지도 않는다. 조용히 기다리는 법을 안다. 잠잠히 하나님의 때를 기다릴 줄 안다. 그런 기다림 자체가 순종의 한 과정임을 이미 체험했기 때문이다.

기다림이 버겁더라도 끝까지 순종해야 한다. 잠잠히 기다리는 순종적 태도가 기적을 가져온다. 대적과 맞서는 상황에서도, 잠잠히 기다릴 때 하나님은 승리를 주시고 형통케 하신다.

> 여호와 앞에 잠잠하고 참고 기다리라 자기 길이 형통하며 악한 꾀를 이루는 자 때문에 불평하지 말지어다 분을 그치고 노를 버리며 불평하지 말라 오히려 악을 만들 뿐이라 진실로 악을 행하는 자들은 끊어질 것이나 여호와를 소망하는 자들은 땅을 차지하리로다 잠시 후에는 악인이 없어지리니 네가 그 곳을 자세히 살필지라도 없으리로다 그러나 온유한 자들은 땅을 차지하며 풍성한 화평으로 즐거워하리로다(시 37:7-11)

우리 인생의 전 과정을 이끄는 순종, 그리고 기다림

그리스도인에게 순종은 신앙과 직접적으로 연관 있어 보이는 일에만 적용되는 것이 아니다. 순종은 인생 전 영역에서 드러나야 한다. 주님은 우리를 전인격적으로 돌보실 뿐만 아니라, 우리가 전인격적으로 성장해 나가길 원하신다. 그래서 꼭 교회 안에서 이루어지는 일에 대해서만 순종을 요구하시는 것이 아니라, 삶의 전반에 걸쳐 순종할 것을 요구하신다.

대표적인 것이 결혼이다. 남녀가 만나 한 가정을 이루는 거룩한 과정인 결혼! 그 결혼이 우리 마음대로 이루어질 수 있는 일일까? 하나님은 반드시 개입하시고 도우신다. 그리고 그 만남을 통해 이루실 일들을 계획하고 계신다.

요즘 이혼하는 부부가 늘고 있어 안타까움을 사고 있다. 이혼하는 부부를 비판하고 정죄하는 것은 결코 아니다. 다만, 평생을 함께하며 사랑으로 감싸 줄 배우자와 결혼을 할 수 있다면 그만큼 복된 일도 없기에, 결혼에 대한 이야기를 조금 나누고 싶다.

위에서 언급한 대로 결혼은 순종과 동떨어질 수 없다. 하나님 앞에 순종하는 모습으로 삶을 채워나가다 보면 하나님이 정해주신 짝을 만나게 된다. 그리고 그 짝과 결혼하면 헤어질 수가 없다. 하나님께서 만나게 하신 짝은 영원히 하나이기 때문이다.

사명감과 사랑으로 맺어진 짝, 인간의 힘으로는 맺기 어렵지만 하나님은 그런 짝을 만들어 주시고 만나게 하시고 맺어주신다. 그러기에 결혼과 관련해서도 '기다림'이 뒤따라야 한다. 조급함, 성급함을 벗어던지고 하나님의 때를 기쁨으로 기다릴 수 있어야 한다.

순종으로 열린 사랑의 열매

사모와 내가 결혼하는 과정에는 하나님의 철저한 개입이 있었다. 나와 사모인 아내가 청년이었을 그 시절, 교회에서 발표회와 기도회 등으로 철야를 이어가던 적이 있었다. 물론 그때는 서로의 존재를 잘 몰랐다. 이제

막 개척한 서산순복음교회에 여의도순복음교회 청년 80여 명이 봉사 차 간 적이 있는데, 그때 마주한 적이 있지만 친분이 있었던 것은 아니었다.

하루는 아내가 본 성전에서 철야를 하던 중, 친구에게 이런 질문을 받았다.

"얘, 너도 이제 결혼해야 되지 않아? 어떤 사람이 좋아?"

젊은이들이 흔히 하는 질문이다. 이런 흔하고 평범한 친구의 질문에 대해 아내가 대답을 할 차례였다. 그런데 바로 그때 내가 나타났다. 발표회 준비를 하던 시기라, 교회에 청년들이 많이 있었는데 대답할 타이밍에 내가 들어온 것이다. 아내는 들어오는 나를 보면서 그 친구에게 이렇게 말했다고 한다.

"저 사람 같으면 괜찮겠다."

아내 입장에서도, 내가 괜찮아 보여서 그런 말은 한 것인지, 하나님이 그런 마음을 주셔서 그런 말은 한 것인지는 알 수 없었다. 하지만 분명한 한 가지는, 그런 생각조차도 함부로 해서는 안 된다는 것이었다. 아내는 그런 생각조차도 하나님께 컨펌을 받아야 한다고 생각했다. 만약 하나님이 주신 생각이라면 끝까지 지켜야 하지만, 혹시라도 그것이 아니라면 버려야 한다고 여긴 것이다.

누군가를 보며 마음에 들어 하는 것이 어떤 사람에게는 '내 마음대로 해도 되는 고유의 권한'이라 여길지 모르지만 적어도 아내는 그렇지 않았다. 그런 생각조차도 함부로 가져서는 안 되며 말 한마디라도 내 마음대로 내뱉어서는 안 된다고 생각했다.

그래서 기도에 들어갔다. 무려 한 달에 걸쳐, 배우자 문제를 두고(구체적으로는 나를 두고) 기도에 들어갔다. 결혼도 하나님의 뜻에 맡기자는 것이 아내의 생각이었다. 물론 그런 생각조차 하나님이 주신 거라고 믿어 의심치 않는다.

아내가 기도를 시작한 지 한 달이 지났을 때까지만 해도, 특별한 진전이 없었다. 그만두는 것이 뜻인가 보다 싶은 차에, 지나가는 소리로 내가 누군가와 약혼한다는 이야기를 들었다고 한다. 실제로는 약혼을 하는 것이 아니라, 누군가를 소개 받은 정도의 상황이었는데 소문이 와전되어 아내에게까지 전달된 것이다. 그런데 순간 아내에게 이런 생각이 스치듯 지나갔다.

'안 되는데? 그 사람, 다른 사람하고 결혼하면 안 될 것 같은데?'

아내는 다시 기도를 시작했다. 잠을 못 잘 정도로 철야를 했는데 그 기간이 무려 6~7개월이나 되었다. 그야말로 잠잠히 하나님의 뜻을 기다렸던 것이다. 비록 당장의 응답은 없는 것 같지만, 하나님의 뜻을 기다리겠다는 그 기다림 자체가 순종의 모습이 아니었을까.

오랜 기간이 지나도록 특별한 변화가 없자 아내는 1월에 친구들과 같이 금식한 뒤 응답이 없으면 그만둬야겠다고 생각했다. 하지만 하나님은 계속 기도하게 만드셨다. '응답 없으면 그만둬야지.' 한다고 해서 그만둘 수 있는 게 아니었다. 금식을 마친 후 몸도 마음도 지쳐 한동안 심하게 앓았지만 하나님은 계속 기도를 시키셨다. 그리고 그 가운데 '그 사람이 너하고 결혼할 사람이다.'라는 생각을 갖게 하셨다.

한번은 뚜렷한 응답을 받을 때까지 버티겠다며, 일어나지도 않고 계속 기도한 적도 있었다. 무릎을 꿇고 기도를 계속하는데, 무릎이 너무 아파 기도하는 자세를 취하는 것조차 버겁게 느껴졌다. 아픈 무릎 때문에 기도하는 것조차 어려움을 느끼자 아내는 하나님께 이렇게 말했다.

"하나님. 무릎도 내 맘대로 안 되네요."

푸념하듯 한 말에 하나님은 이렇게 말씀하셨다.

"네가 가는 길이 그렇게 힘들단다."

그냥 무릎 아파서 한마디 한 것뿐인데, 그에 대한 하나님의 대답은 강력했다. 당황하다 못해 놀랄 정도로! 아내는 하나님의 말씀 앞에 솔직하게 고백했다.

"하나님. 그럼 전 이 길 못 갑니다."

그냥 순종하기 싫다는 게 아니었다. 그 길이 함부로 갈 수 있는 길이 아님을 고백하는 것이었다. 주의 길은 아무런 결단 없이 가도 되는 길이 아님을 잘 알고 있었으니까.

그러나 하나님은 다시 말씀하셨다.

"네가 가는 길을 내가 가게 한다."

결국 멈추려고 했던 기도는 멈춰지지 않았다. 하나님은 계속 기도하게 하셨고 아내는 365일 중 360일을 교회에서 살 정도로 기도에 매진했다.

그러던 어느 날, 아내는 그날도 어김없이 친구 집에 갔다가 교회에 다시 들려서 기도를 하고 있었다. 그때 내가 아내를 불렀고 교회 근처 다방으로 데려갔다. 내가 아내에게 처음 건넨 한마디는 꽤 단호하다 못해 매몰찼다.

"저를 위해 기도하신다면서요? 하지 마십쇼."

솔직히 나는 아직 결혼하기에 부족함이 많다고 느꼈다. 가진 것도 없었고 한 여자를 행복하게 해 줄 여력이 되지 않다고 느꼈다. 그러니 어떻게 해서든 막아야 한다는 생각뿐이었다. 나 역시도 하나님께 물었어야 하는데 그러지 못했다. 그냥 나의 부족한 상황 하나만을 보고는 그렇게 말렸다.

이에 대한 아내의 대답도 만만치 않았다. 아내 역시 개인적인 욕심으로 기도한 것이 아니었으니까! 하나님이 시켜서 하신 것일 뿐이었으니까!

"하나님이 원하시면 하고 원하시지 않으면 안 합니다."

아내는 이 한마디를 남기고는 버스를 타고 가 버렸다. 하필 그 앞에 버스 정류장이 있었기 때문이다.

버스를 타고 나가는 아내를 보는데, 마음속에서 이런 생각이 들었다.

'혹시 하나님이 붙여 준 사람이지 않을까?'

하나님이 붙여 준 사람이라면 무조건 만나는 것이 당연하다고 생각했다. 물론 그 생각조차 주님의 주관 속에 하게 된 것이라 믿는다.

하나님이 정하신 짝은 반드시 맺어진다

결국 아내와 본격적으로 만남을 시작하게 되었다. 그리고 결혼까지 하게 되었다. 만나고 난 지 한 달 만의 일이었다. 순종하며 나아가다 만나게 된 두 사람이 그렇게 결혼에 골인하게 되었다.

누군가는 우리의 만남을 특이하게 생각할지도 모른다. 적어도 젊은 남녀가 만나 결혼을 하려면 뜨거운 연애가 전제되어야 하지 않겠느냐고 할지도 모르겠다. 하지만 기도와 하나님의 인도하심 가운데 맺어진 우리의 만남은 그 어떤 만남보다 강했고 단단했다. 뜨겁고 금방 식는 어느 남녀의 만남과는 달리 변함없이 오래 가는 사랑을 할 수 있었다. 하나님이 맺어주신 관계였기에 그것이 가능했다.

나를 신뢰하고 아껴 주는 사모 덕분에 가진 것 없이도 누구보다 행복한 결혼생활을 할 수 있었다. 본격적으로 신학교에 들어가 주의 길을 갈 때에도 사모는 누구보다 든든한 조력자이자 동반자가 되어 주었다. 순종으로 맺어진 사랑, 그것이 얼마나 큰 축복이었는지를 그때 분명히 느낄 수 있다. 그리고 지금 이 순간에도 느낀다. 사모가 내 옆에 있는 이상, 느낄 수밖에 없다.

성지순례 때 사모와 함께

성경대학 졸업식, 사모와 함께

Chapter 13

안주하고 싶을 즈음,
또다시 새로운 길을 열어 주시는
하나님

믿고 보는 하나님의 인도하심

하나님은 아브라함에게 떠나라고 하셨다. 정든 고향, 정든 친척, 정든 아버지 집을 떠나 새로운 땅으로 가라고 하셨다. 갑작스런 하나님의 명령에 아브라함은 어떤 심정이었을까? 지금 그대로 안주하기만 해도 행복하게 살 수 있을 텐데, 새로운 세계로 떠나라고 하니 당황스럽기 그지없었을 것이다. 놓고 가야 하는 것들, 이별해야 하는 것들에 대한 아쉬움도 아쉬움이지만 한 번도 가보지 못한 미지의 땅으로 가야 한다는 것에 대한 부담은 이루 말할 수 없기 때문이다.

여호와께서 아브람에게 이르시되 너는 너의 고향과 친척과 아버지의 집을 떠나 내가 네게 보여 줄 땅으로 가라 내가 너로 큰 민족을 이루고 네게 복을 주어 네 이름을 창대하게 하리니 너는 복이 될지라 너를 축복하는 자에게는 내가 복을 내리고 너를 저주하는 자에게는 내가 저주하리니 땅의 모든 족속이 너로 말미암아 복을 얻을 것이라 하신지라 이에 아브람이 여호와의 말씀을 따라갔고 롯도 그와 함께 갔으며 아브람이 하란을 떠날 때에 칠십오 세였더라(창 12:1-4)

아브라함에게 자신의 심정은 중요하지 않았다. 하나님의 명령에 따라 순종하면 될 뿐이었다. 하나님이 가지 말아야 할 길을 말씀하신 것이 아니라, 가야 할 길을 말씀하신 것이기 때문이다.

떠나고 싶어서 떠나는 것이 아니라 떠나야 하기 때문에 떠나야 했던 아브라함! 목회자의 여정도 비슷한 것 같다. 내가 가기 싫어도 가라면 가야 하는 것, 내가 가고 싶어도 가지 말라고 하시면 못 가는 게 목회자의 여정이었다.

그래서인지 때로는 아쉽거나 아까울 때도 있었다. 안주할 즈음에 떠나라고 하시면 더욱 그럴 수밖에 없었다. 하지만 하나님의 인도하심은 선하심을 알기에 고민할 필요도, 걱정할 필요도 없었다. 내가 할 일은 그저 기대뿐이었다.

개척한 지 6년이 채워지던 어느 때

1976년 3월, 5.5평에서 시작한 개척교회가 하나님의 인도하심 가운데 자라기 시작했고, 어느새 300여 명 정도가 출석하는 교회로 성장하게 되었다. 만 6년 즈음 되자 하나님은 그런 은혜를 부어주셨다. 사모 한 사람 놓고 예배하던 그 시절이 엊그제 같은데 이제 안정적으로 목회할 수 있을 것 같다는 생각에 감사할 뿐이었다. 그리고 생각했다.

"이제 됐다."

소위 말하는 자립의 궤도에 올랐으니, 고난의 개척 시대는 넘겼다고 보면 되는 것이었다.

그러나 "이제 됐다." 하는 그 시기에 하나님은 새로운 땅을 보여 주셨다. 안주하면 되겠다 싶었던 그 시기에 열어주신 새로운 사역지는 모교회인 여의도순복음교회였다. 솔직히 개척하기 전, 그토록 가고 싶었던 교회가 바로 이 모교회가 아니었던가! 그러나 신학생은 사역자로 받을 수 없다는 교회 규정하에 포기해야 했는데, 6년이 지나 나에게 새로운 기회로 다가왔다. 조용기 목사님과 당시 교무국장이시던 조용목 목사님의 배려로 나의 모교회인 여의도교회 목사로 들어올 수 있게 된 것이다.

그때 두 가지 마음이 공존했다. 6년간 지켜온 교회를 떠나야 한다는 아쉬움과 오랫동안 바라던 사역지에 들어간다는 것에 대한 감사함. 이 두 마음이 동시에 밀려왔다. 간절히 원했을 때는 허락지 않으시다가, 이제 6년간의 고생 끝에 안정기에 접어들었을 때 옮기라고 하시니 아쉬움이 없을 수는 없었던 것이다.

하지만 출석 성도 300명의 규모로 성장하게 된 것도, 자립하게 된 것도 다 하나님이 하신 것이지 내가 한 것이 아니었다. 그러나 아까워할 것도 아쉬워할 것도 없었다. 내가 지킨 교회가 아니라 하나님께서 전적으로 지키신 교회인 만큼, '내 교회'라고 생각할 것도 없었다. 그렇게 생각하니, 오로지 감사한 마음 하나만 가지고 새로운 사역지로 옮길 수 있었다.

오산리기도원 주강사로 발령받다

나는 오산리기도원 주강사로 발령받았다. 당시 기도원장이었던 최자실 목사님을 모시고 사역할 수 있다는 것은 영광이 아닐 수 없었다. 나에게는 새로운 영적 도전의 장이 될 거라 믿어 의심치 않았다. 특히 기도원 사역인 만큼 오로지 설교, 기도, 안수 사역에 집중할 수 있었다. 그런 하나하나가 다 감사한 조건들이었다.

그 은혜를 경험하면서 굳게 결심을 했다. 나는 부족한 것이 많기 때문에 이 기간 동안 더 많이 배워서 목사다운 목사가 되어야겠다고.

오산리기도원 사랑의 집 앞에서, 최자실 목사님과

Chapter 14

알지도 못하는
그 땅에 가라고 명하시다

사울의 실수, 그러나 우리도 종종 저지르는 실수

'순종'하면 가장 먼저 떠오르는 성경 이야기가 무엇일까? 아마도 사울의 불순종과 관련된 이야기가 아닐까 생각한다. "순종이 제사보다 낫다"(삼상 15:22)는 말씀이 등장하는 사울의 이야기는 우리가 가장 중요하다고 여기는 예배와 순종의 우위를 비교하며, 순종의 가치를 제대로 일깨워 준다. 하나님의 말씀에 순종하지 않는다면 그 어떤 우리의 노력도 받아들여지지 않는다는 것에 대해 경각심을 갖게 해 준다고나 할까.

한편 이 일로 사울은 왕으로서 버림받는다. 그만큼 불순종이 얼마나 큰 죄인지를 깨닫게 해 주는 대목이다. 순종하면 더 좋고 안 하면 덜 좋은 '좋고 안 좋고'의 문제가 아니라, 순종하지 않으면 가차 없이 내쳐진다는 것을 분명하게 보여 주고 있는 것이다.

사울을 보면서 '그냥 시키는 대로 하지, 왜 저렇게 자기 생각대로 고집을 부렸을까?' 하는 생각이 들기도 했다. 그러나 돌아보면 사울의 실수는 우리가 평소에도 흔히 범하는 실수들이다.

당시에 하나님이 사울에게 주신 명령을 생각해 보자. 이성적으로 따져 보면, 꽤 참담한 내용이 아닐 수 없다.

사무엘이 사울에게 이르되 여호와께서 나를 보내어 왕에게 기름을 부어 그의 백성 이스라엘 위에 왕으로 삼으셨은즉 이제 왕은 여호와의 말씀을 들으소서 만군의 여호와께서 이같이 말씀하시기를 아말렉이 이스라엘에게 행한 일 곧 애굽에서 나올 때에 길에서 대적한 일로 내가 그들을 벌하노니 지금 가서 아말렉을 쳐서 그들의 모든 소유를 남기지 말고 진멸하되 남녀와 소아와 젖 먹는 아이와 우양과 낙타와 나귀를 죽이라 하셨나이다 하니(삼상 15:1-3)

과거 출애굽 시절, 이스라엘 백성을 대적했던 아말렉! 그 아말렉의 후손들을 모두 진멸하라는 것이 상식적으로는 말이 안 되어 보인다. 당시 대적했던 사람들은 이미 죽어서 없고 현재 살아있는 아말렉 사람들은 그 사건과 사실상 상관이 없는 사람들이 아닌가! 특히나 소아와 젖 먹는 아이들은 무슨 잘못이 있단 말인가! 그러나 하나님이 하라고 하신다면 해야 하는 것이었다.

그런데 사울은 그때 자기가 보기에 아까워 보이는 것들을 죽이지 낳고 남겨두었다. 여러 가축 중에서 기름진 것들은 죽이지 않고 하찮은 것만 진멸한 것이다. 그 이유도 그럴듯했다. 하나님께 제사드릴 때 쓰기 위함이라고 했다.

> 사울이 이르되 그것은 무리가 아말렉 사람에게서 끌어 온 것인데 백성이 당
>
> 신의 하나님 여호와께 제사하려 하여 양들과 소들 중에서 가장 좋은 것을 남
>
> 김이요 그 외의 것은 우리가 진멸하였나이다 하는지라(삼상 15:15)

이성적이고 합리적인 판단처럼 보이는 사울의 판단에 하나님은 진노하셨다. 그는 하나님 보시기에 선한 일을 해야 하는데, 사람들 보기에 선한 일 한다며 하나님 뜻을 팽개쳐 버렸기 때문이다. 곧 인본주의를 신본주의보다 더 낫게 생각하는 악을 저지른 것이다.

사실상 이런 모습은 우리 가운데서도 종종 나타났다. 내가 판단하기에 좋아 보이는 것을 하나님의 뜻으로 둔갑하기도 하고, 하나님의 명령 앞에서 사람의 시선을 더 신경 쓰느라 그대로 순종하지 않기도 한다. 특히 반만 순종해 놓고서는 '열심히 순종했다.'고 뿌듯해 하기까지 한다. 그러나 하나님의 입장에서는 그런 모습들이 가증스런 모습으로 보일 뿐이다. 자신이 뜻을 하나님의 뜻으로 포장하거나 일부만 순종해 놓고 온전히 순종한 것처럼 자신만만해 하는 것은 사울의 모습이나 다를 바가 없기 때문이다.

그러기에 나 역시 이 본문을 대할 때마다 경각심을 느낀다. 사울의 과오를 보며 안타까워하거나 한심하게 여기는 것이 아니라, 나는 과연 하나님 뜻에 온전히 순종하고 있는지, 합리화를 핑계로 그릇된 방식으로 순종하고 있지는 않은지를 돌아보게 되는 것이다.

당황스러웠던 하나님의 명령, 그리고 순종

순종이 하나님의 일을 함에 있어 얼마나 절대적인지를 잘 알기 때문에, 부족하나마 순종을 잘하기 위해 노력해 왔던 것 같다. 여전히 하나님의 뜻에 온전하게 순종하고 있는지 늘 점검하고 돌아보아야 하지만, 그래도 지금까지는 '순종만이 살 길'임을 외치며 달려온 것 같다. 아니, 내가 노력했다고 하기보다는 성령이 도우셨다고 하는 것이 옳을 것이다. 순종의 기로에서 하나님은 결정적인 도움을 늘 주셨으니까.

때로는 내 판단으로는 도저히 납득이 되지 않았던 상황도 있었다. 가장 대표적인 사건이 파라과이로 파송될 때가 아니었나 생각된다.

오산리기도원 주강사 시절 새벽설교를 마치고 숙소에 있었을 때였다. 갑자기 부원장 김만석 장로님과 총무 김형환 장로님이 만나자고 했다. 사무실에 가보니, 50대 후반의 귀부인 한 분이 함께 있었다. 처음 보는 분이라 의아했는데, 어디서 온지 듣고는 놀라지 않을 수 없었다. 남미 파라과이교회! 그 교회의 개척 여집사라고 소개하는 것이 아닌가. 그런데 남미에서 오셨다는 사실에 놀라는 것도 잠시, 더 충격적인 말을 들었다.

"목사님, 혹시 남미 선교사로 가실 의향 없으십니까?"

잘못 들었나 싶을 정도로 꽤 당황스러운 제안이었다. 아니, 잘못 찾아온 게 틀림없다고 생각했다. 나는 당연히 그 자리에서 거절했다. 거절해도 되는 줄 알았으니까. 거절해도 되는 이유도 분명히 있었다. 이제 여의도순복음교회 교역자가 된 지 2개월 밖에 되지 않았다는 것, 그것만으로도 사유가 충분했다.

"죄송합니다. 저는 여의도 들어온 지 2개월밖에 안 되었고 5년에서 10년은 여기서 더 배워야 합니다. 미안합니다."

누가 봐도 안 가는 게 당연했다. 2개월 만에 갑자기 사역지를 옮기는 것은 기도원에 대한 예의도 아닌 것 같았다. 무엇보다 나는 해외 선교사로 헌신한 적도 없었다. 하나님이 보내시는 곳은 어디든 가겠다고 생각은 했지만 적어도 내가 갈 곳은 국내를 벗어나지 않을 거라고만 생각했다. 그러니 이런 제안이 더욱 당혹스러울 수밖에 없었다. 평소에 해외 사역에 관심을 가지고 조금이라도 준비를 하던 사람에게 이런 제안이 오면 뭔가 개연성이 있어 보이는데, 지금 이 상황은 너무나 앞뒤가 안 맞지 않은가.

그런 내게 세 분은 간절하게 청했다. 사실 말 한 번 던져보고 아니라고 하면 다른 분께 가실 줄 알았다. 교역자는 워낙 많으니까. 게다가 해외사역에 뜻이 있는 사역자들도 많으니까. 그러나 그게 아니었다. 나 한 사람을 데려가기 위해 먼 곳에서 온 것이었다. 세 분은 다시금 간청하기 시작했다.

"목사님 다시 한 번 재고해 주세요! 파라과이교회 전임목사님은 사모님이 중한 암에 걸려 몇 달 전에 원래 계시던 미국으로 가셨고, 또 파라과이 후임으로 가시기로 했던 한 목사님도 미국으로 가시게 되었어요. 파라과이교회 지금 누가 안 가면 문 닫게 됩니다."

알고 보니 그 개척 집사님은 아픈 몸을 이끈 채 울며 후임 선교사를 찾아다니는 중이라고 했다. 그리고 후임 선택 문제와 관련하여 조용기 목사님과 선교위원장님의 특별허가까지 받은 상태라고 했다. 누구든 지명하면 보내겠다고. 그런 중에 기도원 새벽 설교를 한 번 듣고는 나를 딱 찍었다는 것이 아닌가. 바로 그런 상황에서 나를 찾아온 것이다. 조목사님까지 원하면 누구든 보내주겠다고 했으니 그분 입장에서는 누구든 찍기만 하면 되었다.

"그러니 윤목사님이 꼭 기도해 보고, 가서서 교회와 성도들을 살려 주십시오!"

그분들의 간청에도 나는 어찌할 도리가 없었다. 준비가 되지 않았는데 어떻게 간단 말인가?

"아이고! 미안합니다. 저와는 상관없는 말씀입니다. 저 말고 준비된 다른 분이 반드시 있을 겁니다. 미안합니다."

그러자 그분들은 마지막으로 기도를 요청했다.

"그러면 목사님, 그저 파라과이를 위해 한번만 기도해 주시면 안 될까요?"

나는 마지못해 대답했다.

"알았습니다. 기도는 한번 해보죠!"

나는 그렇게 기도를 약속했다.

크리스천끼리는 "기도하겠습니다, 중보하겠습니다."라는 말을 많이 한다. 사실 일종의 인사치레로 많이 하는 말인데, 정말로 기도하는 경우도 많지만 말로만 약속하고 안 하는 경우도 꽤 많다. 솔직히 나도 그때 그럴 심산으로 말했던 것 같다. 기도해 달라는데 굳이 싫다고 할 필요는 없으니까. 그러니 그냥 생각 없이 기도하겠다고 약속만 했지, 정말로 파라과이교회를 두고 열심히 기도할 것이라고는 예상하지 않았다. 게다가 지금 내가 맡은 성도들과 기도원을 위해 기도하기도 벅찬데, 나와 전혀 상관없어 보이는 파라과이를 위해 굳이 기도할 필요는 없다고 생각했다.

문제는 체면치레로 기도 약속을 하고 돌아온 후, 바로 기도굴 속에 들어갔다는 것이다. 2시간 기도하는데, 갑자기 하나님께서 내 귀에 명확히 말씀하셨다.

"파라과이로 가라."

잘못 들은 줄 알았다. 아니 잘못 들은 것이어야만 했다. 그러나 그게 아니었다. 제대로 들은 것이어서 더 당혹스러웠다.

"예? 남미로 가라고요?"

"그렇다! 가라!"

분명히 들은 이상, 이제는 도리가 없었다. 거역할 수 없는 하나님의 명령에 순종하는 길밖에 없었다. 아까까지만 해도 다시 볼 일 없을 줄 알았던 그분들에게 통보하고 이젠 절차만 기다리게 되었다. 수속도 왜 이렇게 빨리 진행되었는지, 이제는 돌이킬 방법이 없었다. 하나님이 명하신 것이라 그런지 일사천리로 모든 것이 진행되었다.

고민할 시간에 기도하고 갈등할 시간에 순종하라

갑자기 오산리기도원을 떠나게 되자 당시 김상호 교무국장님께서 왜 이렇게 빨리 나가냐고 물어보셨다. 솔직히 그건 내가 하나님께 묻고 싶은 내용이었다. 그토록 원했던 모교회에 들어오게 되었는데 갑자기 남미로 가라고 하시니…. 5년, 10년은 더 배워도 부족함이 있을 것 같은데 준비도 안 된 해외 사역을 하라고 하시니…. 나야말로 하나님께 답변을 듣고 싶었다. 하지만 당장 그 답변을 들을 필요는 없었다. 하나님이 가라는 데는 다 이유가 있을 테니까. 어차피 알게 될 하나님의 뜻, 당장 알 필요는 없었다. 때가 되면 알게 된다고 하시니 잠자코 기다리면 되는 것이었다. 이유가 어떠하든, 하나님이 가라시면 그냥 가는 것이었다. 묻고 따질 필요도 없이 그냥 그렇게 떠나면 되는 것이었다.

그때 분명히 알았다. 부족하나마 순종을 잘 하려면 인간적인 고민을 최소화해야 한다는 것을! 아니, 사실상 고민할 필요도 없다. 적어도 하나님의 명령 앞에서는…. 고민할 시간에 기도로 확답을 구하면 되고 갈등할 시간에 그냥 순종해 버리면 된다. 이래나 저래나 하나님이 명하셨으면 순종하는 게 맞다. 내가 조르고 거부한다고 해서 상황이 달라지지는 않는다. 무엇보다 그것이 가장 선한 길이자, 나를 위해 예비하신 길이다. 나에게 가장 좋은 길을 하나님이 예비하셨다는데 더 이상 무슨 걱정이 있겠는가.

Chapter 15

가족과의 이별보다 중요한 것은 순종이었다

아들을 내놓아야 했던 한 아버지의 심정

사울의 불순종 이야기가 순종에 대한 경각심을 일깨워 주는 사건이라면, 반대로 온전한 순종의 백미는 아브라함이 이삭을 받쳤던 이야기라고 할 수 있다. 순종으로 믿음의 조상에 등극한 아브라함의 이야기는 '순종' 하면 빠질 수 없는 중요한 사건이다.

창세기 22장에서 하나님은 아브라함을 시험하려고 부르신 후, 매우 황당한 명령을 내리셨다.

그 일 후에 하나님이 아브라함을 시험하시려고 그를 부르시되 아브라함아 하시니 그가 이르되 내가 여기 있나이다 여호와께서 이르시되 네 아들 네 사랑하는 독자 이삭을 데리고 모리아 땅으로 가서 내가 네게 일러 준 한 산 거기서 그를 번제로 드리라(창 22:1-2)

이것은 파라과이에 갑자기 가라는 것과는 비교도 되지 않을 정도로 충격적인 명령이다. 아들을 번제로 바치라니! 말이 번제이지, 이것은 곧 아들을 자기 손으로 죽이라는 말이 아닌가. 특히나 그 아들 이삭은 아브라함과 사라에서 태어난 독자가 아닌가. 오랜 시간을 기다리고 기다려서 얻은 더없이 소중한 아이가 아닌가. 그런데 아브라함은 그대로 순종했다.

아브라함이 아침에 일찍이 일어나 나귀에 안장을 지우고 두 종과 그의 아들 이삭을 데리고 번제에 쓸 나무를 쪼개어 가지고 떠나 하나님이 자기에게 일러 주신 곳으로 가더니(창 22:3)

아브라함은 뜸을 들이지 않았다. 아침에 일찍이 하나님이 자기에게 일러 주신 곳으로 떠났고 아들을 결박한 후 잡으려고 했다.

그리고 우리가 아는 대로 하나님은 이삭을 제단 위에서 잡으려고 하는 그 순간 하나님은 그를 다시 부르셨다.

사자가 이르시되 그 아이에게 네 손을 대지 말라 그에게 아무 일도 하지 말

라 네가 네 아들 네 독자까지도 내게 아끼지 아니하였으니 내가 이제야 네가

하나님을 경외하는 줄을 아노라(창 22:12)

결국 아브라함은 그때의 온전한 순종을 통해 놀라운 축복을 받았다.

하나님께 멜기세덱의 반차를 따른 대제사장이라 칭하심을 받으셨느니라

(히 5:10)

순종을 위해 감내해야 할 가족과의 이별

독자 이삭을 바쳐야 했던 아브라함의 결단과는 비교도 안 되는 것이지

만, 나에게도 순종을 위해 가족과 이별해야 했던 적이 있었다. 파라과이로

선교를 갈 때의 일이다.

처음 남미 파라과이로 가라는 하나님의 뜻을 전달 받고는 집에 와서 사

모에게 말했다.

"여보! 우리 남미 선교사로 가게 될 것 같아!"

놀라거나 당혹스러워해야 할 사모가 별다른 반응이 없었다. 그냥 알겠

다고 하면서 고개만 끄덕였다. 마치 미리 알고 있었기라도 했던 것처럼….

그렇게 사모는 달관한 표정으로 수긍했다.

사실 그 당시만 해도 파라과이는 한국인들에게 미지의 세계였다. 그러

기에 더 막막하고 불안한 나라로 다가올 수밖에 없었다. 그러나 성령의 인

도하심 때문이었을까, 사모는 그저 '아멘'으로 받아들였다.

사모와도 이야기가 다 되었고 이제 내가 해야 할 것은 다름 아닌 기도였다. 단기선교도 아니고, 오랜 기간 선교사로 나가 있어야 하는데 기도가 없이는 불가능할 것 같았다. 심지어 내 인생에서 최초의 선교사역이 아닌가.

그런데 정작 기도할 시간이 주어지지 않았다. 기도원 강사 사역이 너무 바빠 틈이 생기질 않은 것이다. 그러던 어느 날 최자실 목사님이 미국 부흥선교를 한 달간 다녀오신다는 말을 듣는 순간 성령님이 내게 감동을 주셨다.

"네가 최 목사님을 위해 21일간 금식기도로 헌신해라!"

토를 달 필요도 없이 그대로 순종했다. 무조건 순종하며 금식기도를 시작하였다. 기도 내용도 나와는 상관없었다. 오로지 조용기 목사님과 최자실 목사님을 위한 중보만 했다. 놀랍게도 전적인 헌신의 기도였는데, 이것이 축복의 시작이었다.

금식 10일 되던 날이었다. 당시 1대교구 성령대망회 설교를 하는데 1,500여 명을 안수하다가 벙어리가 말하는 기적이 일어난 것이다. 정작 나는 탈진하여 드러누울 정도가 되었지만, 기적적으로 남은 기도기간을 간신히 채웠다.

그런데 그 기간에 애석한 일이 생겼다. 파라과이 개척 여집사인 이정숙 집사님이, 오랜 지병 끝에 한국 땅에서 소천하고 말았다. 너무 안타깝고 허무했다.

이후 선교사 파송 절차를 밟는 중에 외무부 여권과장이 불렀다.

"목사님, 파라과이 선교사 여권이 안 나오니, 여행비자로 가서야 합니다. 그리고 가족은 함께 못 갑니다. 또 가족은 3년이 될지 5년이 될지 또는 못 갈지도 모릅니다. 이제 목사님이 결정하십시오! 혼자 가시겠습니까? 아니면 안 갈 겁니까?"

당시 아이들은 각각 4살, 6살, 7살이었다. 아내와 세 아들을 두고 떠나야 한다는 것, 수년 간 보지 못한다는 것이 생각하니 흔들리지 않을 수 없었다. 그러나 사람이 가라고 했으면 고민할 것 없이 가족을 택했겠지만, 이 명령은 살아계신 하나님의 명령이기에 바로 결단을 내렸다.

"혼자 가겠습니다."

그러자 즉석에서 여권과장이 도장을 꽉 찍어 주었다. 그러나 나는 믿었다. 하나님이 우리 가족을 지켜주시고 인도해 주실 것이란 것을!

그때까지만 해도 내가 갈 교회의 상황에 대해서는 아는 바가 없었다. 교회가 건물이 어떤지 성도들의 상태가 어떠한지 묻지 않았다. 알아보려고 하지도 않았다. 그런 것들은 묻는 것은 조건을 살피는 것에 지나지 않는다고 생각했기 때문이다. 행여 조건이 열악하다 해도 내가 마땅히 가야 하는 게 나의 영적 임무였다. 그래서 아무것도 모르는 상황에서도 걱정하지 않았다. 하나님이 명하라고 하신 것, 그것만으로도 충분했다.

가족과의 생이별을 각오하고 결정을 내린 이후로 하나님은 기적을 펼쳐 주셨다. 6개월 만에 남은 가족들을 파라과이로 보내주신 것이다. 사실 3년에서 6년 정도 걸리거나, 아니면 아예 못 갈 수 있는 상황이었다. 하지만 1년도 아닌 6개월 만에 하나님은 가족과 다시 만날 수 있게 하셨다.

Part 4

하나님은 하나님의 일을
하는 자에게는
감사할 일만을 허락하신다

처음 밟아본 남미 땅. 어색하기만 했던 파라과이. 그곳에서 새로운 사역을 시작해야 했다. 너무나 막막했다. 하지만 하나님은 그 땅에 감사할 일들만을 채워 주셨다. 어려움이 많은 만큼 감사할 일들도 많았고 새로 시작해야 할 일들이 많았던 만큼 감사의 기적들이 지속적으로 일어났다.

파라과이 사역은 한마디로 감사의 사역이었다. 나는 그 사역 기간 동안 감사하는 법을 배워갔고 하나님만 있으면 모든 것이 가능하다는 사실도 깨닫게 되었다. 머리로나마 알던 그 사실이 실제로 다가왔던 것이다.

그리고 중요한 사실을 알았다. 아무리 힘들어도 무릎만 꿇으면 하나님은 역사하신다는 것을! 마음을 모아 부르짖기만 하면 하나님은 능력을 베푸신다는 것을! 그러니 감사하지 않을 수가 없었다. 이제 감사의 고백들로 채워진 파라과이에서의 사역을 나누어 보고자 한다.

Chapter 16

감사로 시작하게 하신
파라과이 사역

감사를 잘하는 것도 능력이다

감사를 잘하는 것만큼 위대한 능력도 없다. 감사할 수 있는 기회를 스스로 찾아내는 것, 어떤 상황에서든 감사 포인트를 발견해가는 것, 이런 것들이 다 귀한 능력이다. 그리고 그 능력은 놀라운 기적을 불러온다. 하나님은 작은 것 하나에도 감사할 줄 아는 자에게 더 큰 복과 은혜를 주시기 때문이다.

위인일수록 받은 은혜에 대하여 하나님께 감사를 잘한다. 현재 주어진 일에 대해서만 감사하지 않는다. 나를 지으신 하나님, 나를 구원하신 하나님에 대한 감사가 아예 습관이 되어 있다. 시편 기자도 받은 은혜를 상기하며 자신의 모든 것을 끌어올려 감사의 고백을 드리고 있다.

> 내 영혼아 여호와를 송축하라 내 속에 있는 것들아 다 그의 거룩한 이름을 송축하라 내 영혼아 여호와를 송축하며 그의 모든 은택을 잊지 말지어다 그가 네 모든 죄악을 사하시며 네 모든 병을 고치시며 네 생명을 파멸에서 속량하시고 인자와 긍휼로 관을 씌우시며 좋은 것으로 네 소원을 만족하게 하사 네 청춘을 독수리 같이 새롭게 하시는도다(시 103:1-5)

지금 어떤 형편에 있든 감사할 조건은 많다. '이것도 하나님이 주신 자리요, 하나님의 섭리요, 축복이다'라고 믿으면 감사하지 못할 일이 없다. 물론 환경은 변하지 않을 수 있다. 그러나 감사를 좇는 순간 마음에는 주님이 주신 평강이 찾아온다.

하나님은 '차질'을 빚게 하는 분이 아니다

1982년 9월 8일, 드디어 남미로 가는 비행기에 탔다. 모 여행사 주관으로 20여 명의 파라과이 입국자들을 데리고 공항에서 출발하여, 미국 LA공항에 내려서 마이애미로 갔다.

그런데 벌써부터 삐거덕거리기 시작했다. 갑자기 볼리비아 공항에 스트라이크가 나서 못 뜬다는 소식이 들려온 것이다. 그것도 잠시가 아니라,

2~3주 후에나 풀린다는 게 아닌가. 놀러가는 것도 아니고 부르심에 따라 오랜 선교여정을 떠나는 길에 이런 일이 생겨 당황스러웠다.

그러나 우리가 보기에는 일정에 '차질'이 빚어지는 것이었지만, 하나님의 입장에서는 그것이 문제가 되지 않았다. 적어도 하나님은 '차질'을 빚게 하는 분이 아니시니까.

그 상황에서도 우리가 할 수 있는 일은 감사밖에 없었다. 그러고 보면 하나님의 자녀는 여러 모로 감사할 일들이 많다. 예기치 못한 일 앞에서 세상 사람들은 아무것도 할 수 있는 게 없어 두 손 두 발을 놓아야 하지만, 하나님 자녀는 할 수 있는 게 하나라도 있으니 얼마나 다행인가. 그리고 그 한 가지가 감사라는 것이 얼마나 감사한 일인가!

감사하면 더 감사할 일이 생긴다

비행기 문제는 사실 문제나 사고가 아니었다. 하나님의 이벤트였다. 정체되어 있는 시간 동안 하나님은 나에게 특별한 이벤트를 선사하셨다.

먼저 마이애미 월드 디즈니도 구경하게 하시고 바닷가도 구경하게 하셨다. 개척교회부터 시작하여 목회 사역을 감당하면서 해외에서 이런 것들을 구경한다는 게 사실 가당키나 한 일인가. 하나님은 그 기간 동안 평상시에는 만날 수 없었던 경험을 누리게 하셨다. 누군가는 짧은 기간 동안 몇 가지 구경하는 게 대수냐고 할지 모르지만, 나에게는 그조차도 큰 위로였다. 앞으로 파라과이에서 오랜 기간 헌신해야 할 나를 위해 하나님이 미리 위로와 격려의 선물을 주시는 것 같았다.

그게 다가 아니었다. 하나님은 예기치도 못한 일정을 잡아주셨고 그 안에서 놀라운 역사를 체험하게 하셨다. 마이애미 순복음교회서 3일간 부흥회를 인도하게 되었는데, 그때 동행했던 한 여성분(안여사)이 결신하여 훗날 권사가 되었고, 함께 여행 중이던 다른 남자 두세 분도 은혜를 받아 교회의 큰 일꾼들이 되었다. 그중 한 분이 고경환 목사의 부친이신 고창순 장로시다.

여행사 대표이자 인솔자인 파라과이교회 고학자 집사님의 호의로 뉴욕에 한 주간 거할 수 있는 기회도 생겼다. 특히 뉴욕순복음교회(프라미스교회)에서 선배 김남수 목사님과 친구 최완기 목사님을 만나 격려와 섬김을 받았고, 그곳에서도 설교할 기회도 얻게 되었다. 여기에 기대하지 않았던 뉴욕 시내 및 명소도 관광하게 되었다. 평상시에는 엄두도 못 낼 그런 일들을 하나님은 이벤트로 열어 주신 것이다. 뉴욕에서 마주했던 일들 역시, 척박한 파라과이에서 열심히 사역하라고 위로해 주시는 선물 같았다.

2주 넘는 기간 동안, 예기치 못했던 경험과 마주하면서 오로지 감사밖에 할 수 없었다. 사실 부르신 것도 감사할 일인데, 이렇게 마땅히 해야 할 일들에 대해서조차 격려와 응원과 위로를 해주시는 주님이기에 더 감사했다. 특히 김남수 목사님은 자신의 전속 여비서 한 분을 붙여주어서 뉴욕의 모든 명소를 다 구경할 수 있도록 배려해 주심에 지금도 감사할 뿐이다.

파라과이 땅에 발을 내딛게 하신 하나님

9월 24일, 드디어 파라과이에 도착했다. 고국을 떠난 지 16일 만의 일이다. 볼리비아를 거쳐, 파라과이 수도 아순시온에 도착했다.

도착하니 성도님들이 버스 한 대로 이미 마중 나와 있었다. 반갑고 감사한 환대에 놀랐고 그곳의 기후에 또 한 번 놀랐다. 파라과이 하나님의 성회 총회장이신 깐디아 목사님도 마중 나오셨다.

공항에 내려서 버스까지 잠깐 걸었을 뿐인데 땀이 온몸을 적셨다. 섭씨 44도의 더위! 한국에서는 단 한 번도 경험해 보지 못한 더위가 처음부터 밀려왔다. 그만큼 뜨거운 땅이었다. 하지만 남미 특유의 뜨거운 열정이 느껴지는 것이라 여기며 감사히 시내로 들어갔다.

파라과이 수도 아순시온은 한국의 조그만 도청소재지와 흡사했다. 한적하면서도 시골풍의 분위기가 물씬 풍겼다. 시내지만 촌락 느낌도 어우러진 그곳에 도착한 후, 먼저 서용석 집사님의 사업장에 방문했다. 옷 제품 공장 겸 가게였다. 그날 서집사님 부부가 일행 모두를 위해 맛있는 식사를 준비해 주셨기 때문이다. 그렇게 우리는 옷을 재단하는 곳 위에 올라가서 식사했다. 첫날부터 소중한 섬김을 받아 얼마나 감사했는지 모른다.

식사 후 교회 겸 사택으로 가 보았다. 내가 이제 거할 사역지와 마주하는 순간이었다. 교회는 단층 슬레이트 건물이었는데, 120여 명가량이 앉을 수 있는 좌석이 있었고 본당의 벽은 사방이 판자로 되어 있었다. 한마디로 판자촌 교회였다. 뒷벽은 발을 걷었다 내렸다 하는 초막건물이었고 발을 걷어 올리고 나면 그 뒤로 쓰레기장이 다 보였다. 독거미가 강단까지 올라와 예배 중에 성도들이 성경으로 때려잡아야 하는, 그런 예배당이었다. 한편 사무실과 함께 있는 사택은 교회 건물 앞쪽에 붙은 2층에 위치해 있었다.

하나님이 잠시 맡겨 주신 순복음파라과이교회

순복음파라과이교회는 '여섯과부 교회'로 이름나 있었다. 최자실 목사님이 다녀가실 때에 여섯 과부를 중심으로 교회가 개척되었기 때문이었다. 그 후 1대 목사님으로 미국에 있던 여의도순복음교회 장로 출신 허균 목사님이 부임하셔서 많은 어려움을 이기시면서 청소년들을 많이 길러내셨다.

당시 파라과이는 교민 22,000명까지 올라갔다가 브라질 등으로 재이민을 가는 바람에 2,3천 명밖에 남지 않게 되었다. 교회 성도도 많이 떠나 몇 남지 않은 상황이었다. 바로 그곳에서 담임목사 사역을 하게 된 것이다(이 전까지는 신학교 재학 중인 최인규 집사가 맡아 임시 목회를 하고 있었다). 그러나 그곳은 성남 개척보다는 훨씬 좋은 환경이었다. 성도도 70여 명이나 되었다.

또 하나 분명한 사실은 '이 모든 것이 감사의 이유'라는 것이었다. 하나님이 내게 베푸신 일이라면 감사할 일임이 틀림없었다. 물론 이곳에서 사역을 감당함에 있어서 어려움이 찾아오고 예기치 못한 일이 생길 수도 있겠지만 그조차도 감사의 이유가 된다는 생각을 하니, 알 수 없는 힘이 생겼다. 하나님의 사랑을 확신하는 이상, '모든 것이 감사'라는 사실 역시 변함이 없었던 것이다.

Chapter 17

하나님,
지붕 좀 안 날아가게 해주세요

가장 위대한 감사는 역경 중의 감사

감사할 만한 상황에서 감사하는 것은 누구나 할 수 있는 일이다. 하나님을 모르는 사람도 할 수 있는 게 '감사할 만해서 감사하는 것'이다. 그러나 하나님은 우리에게 그 어떤 상황에서도 감사하라고 말씀하신다. 역경 중에서도 감사하며 찬양할 것을 요구하신다. 하나님은 자신이 기분 좋으려고 감사를 요구하는 것이 아니다. 그것이 우리에게 유익이 되기 때문이다.

가장 위대한 감사는 '역경 중의 감사'다. 많은 사람들은, 역경을 만나면 탄식하고 불평을 쏟아내지만, 참 믿음의 사람들은 오히려 역경에 감사한다. 아무리 눈앞이 캄캄하고 현실이 참담할지라도, 감사하면 헤쳐 나갈 길이 보이기 시작한다.

바울과 실라가 복음 전하다가 빌립보 감옥에 갇힌 적이 있었다. 복음을 전하다 옥에 갇히는 일들이 성경에 종종 나와서 대수롭지 않은 역경으로 비칠지도 모르지만, 당사자 입장에서 이 상황은 감당하기 어려운 시련일 수밖에 없다. 우리가 만약 선교지에서 열심히 선교하다가 압송되거나 억류된다고 해보자. 그 안에서 있는 동안 얼마나 불안하고 두렵겠는가. 그들도 사도이기 전에 한 사람이었기에 누구보다 두렵고 떨렸을 것이다.

놀라운 것은 그들이 역경 중에도 하나님을 찬양했다는 사실이다. 찬양했다는 것은 곧 하나님을 향해 감사를 올려 드렸음을 알게 해준다. 감사하지 않고 원망했다면 찬양이 단 한마디도 나올 수 없다.

결국 그들은 역경 속에서 감사했고 감사함으로써 기적을 체험하였다. 그들이 찬양할 때, 지진이 나서 옥 터가 움직이고 감옥 문이 다 열려 버렸다.

한밤중에 바울과 실라가 기도하고 하나님을 찬송하매 죄수들이 듣더라 이에 갑자기 큰 지진이 나서 옥 터가 움직이고 문이 곧 다 열리며 모든 사람의 매인 것이 다 벗어진지라(행 16:25-26)

지붕 위에 올라앉아서 비바람을 맞으며

순복음파라과이교회에 부임한 지 한 달 정도가 지났을 때였다. 10월말이니, 강한 비바람이 휘몰아치던 어느 날 밤이었다. 특히 그 시기는 남미 특유의 우기철이며 장대비가 몇 시간씩 쏟아지는 때였다.

"쾅쾅."

밤 열두 시에 누가 문을 두드렸다. 웬일인가 급히 나가 보았다. 늘 교회당에서 철야기도 하시는 70대이신 김권사님이 그 밤에 문을 두드리고 계셨다. 권사님이 갑자기 문을 두드리시는 것도 의아한데 권사님의 말씀을 들으니 더욱 당황스러웠다.

"목사님, 교회 지붕 날아가요!"

세상에! 지붕이 날아간다니! 교회 슬레이트 지붕이 날아갈 것 같다며 찾아오신 권사님 앞에서 말문이 막혔다. 영화에서나 나올 이야기가 아닌가. 한국에서는 상상도 못할 말을 듣자 어안이 벙벙했다. 지붕이 날아가는 것도 문제지만, 더 큰 문제는 내가 뭘 어떻게 해야 하느냐는 것이었다. 자다 말고 일어난 나는 물어보았다.

"권사님, 저보고 어떻게 하라고요."

김권사님은 쿨했다. 당연하다는 듯이, 늘 그래왔다는 듯이 말씀하셨다. 그것도 이북 사투리로.

"지붕에 올라가 타고 앉으시라우요!"

아무래도 종종 있던 일이 아니었나 싶다. 이렇게 바람이 불 때면 으레 누군가가 올라가 앉아있었던 것 같다. 그리고 지금 이 상황에서 70대 할머니 보고 올라가라고 할 수는 없는 노릇이니 내가 올라가는 게 맞았다.

당황할 여유도 없었다. 당혹스러워 할 시간도 없었다. 얼른 올라갔다. 내 평생, 지붕이 날아갈까 봐 지붕 위에 올라타 본 것은 처음이었다.

그런데 이렇게 담임목사가 지붕 위에 올라가 있으면 하나님 입장에서 보호해 주실 법도 하지 않은가. 비가 갑자기 그친다거나 강풍이 잦아지는 등의 일이 일어나야 마땅하지 않은가. 그러나 비는 더 억수같이 퍼부었고, 비닐우산은 강풍에 날아갔다. 지붕 슬레이트가 덜거덕 덜거덕거리는 채 소리를 내며 요동 치고 있었고 나는 그것을 짓누르며 견뎠다.

처참했다. 딱 물에 빠진 생쥐꼴이었다. 하지만 내 꼬락서니보다 위태로운 교회 지붕이 더 걱정이었다. 지붕에 타고 앉아서 주님께 눈물로 간절한 기도를 드렸다.

'하나님! 지붕 안 날아 가는 교회 주세요!'

지붕 날아갈 걱정 없는 교회에서 지내고 있는가?

그다음 날부터 순복음파라과이교회에는 특별한 기도제목이 생겼다. '지붕 안 날아가는 교회를 주세요.' 이것이 전 성도들이 마음을 모아 기도하던 기도제목이었다. 전 성도들이 모여 이 기도제목을 두고 매일 밤 철야기도를 시작했다. 옆집 파라과이 원주민 예수할머니가, 시끄럽다고 돌을 교회 지붕에 던질 정도로 기도를 했다. 청년들도 매일 밤 기도에 참여했다. 그곳에는 고경환, 김용철, 김미영, 김명희 등이 있었다.

그러고 보면 지붕이 날아가지 않는 교회에서 사역하는 목회자나 그런 교회에 출석하는 성도들은 특별한 무엇인가가 없어도 감사할 수밖에 없을 것이다. 당시 우리는 그 견고한 지붕 하나를 두고 전 성도 철야까지 하며 매달렸는데, 별 탈 없는 지붕을 가진 교회는 그것 하나만으로 이미 놀라운 축복을 누리고 있는 것이 아닌가! 그래서 가끔 감사를 잃고 불평하게 될 만하면 그때의 일을 떠올린다.

"그래도 지붕은 튼튼하잖아. 여기는 지붕이 안 날아가잖아."

지붕이 튼튼한 것, 그게 어디인가! 튼튼한 지붕 하나만 보아도 감사가 넘칠 수 있으니, 이 또한 감사하지 않은가!

첫 예배를 드리고 난 후 기념 촬영

성찬 예배 후 기념 촬영

Chapter 18

기도하면 역경 중에도
감사의 조건이 보인다

위기를 돌파하는 방법, '엎드리면 된다'

인간적인 계산으로는 도저히 해결되지 않을 것 같은 문제 앞에 놓이면, 암담하기 그지없다. 할 수 있는 일이 없기 때문에, 손을 쓸 수 없기 때문에 더 막막할 뿐이다. 그런데 그리스도인에게는 이 상황에서 할 수 있는 것이 딱 한 가지 있다. 바로 하나님 앞에 엎드리는 것이다. 의외로 단순하지 않은가. 그냥 하나님께 도움만 청하면 된다. 기도하면서 도와 달라고 솔직하게 말하면 된다. 돈을 내야 하는 것도 아니고, 손과 발로 어떤 노력을 해야 하는 것도 아니다. 그냥 마음을 다해 간구하기만 하면 된다.

역대하에 나오는 한 전쟁에서도 비슷한 상황이 나온다. 모압과 암몬 연합군이 공격을 했을 때 여호사밧은 어찌할 바를 몰랐을 것이다. 그냥 하나의 나라가 와도 당혹스러울 텐데 연합군이 연합작전을 써서 한번에 공격하니 속수무책이었을 것이다. 그런 상황에서 여호사밧은 아주 단순하게 문제를 해결했다. 바로 하나님 앞에 엎드리는 것이었다.

> 그 후에 모압 자손과 암몬 자손들이 마온 사람들과 함께 와서 여호사밧을 치고자 한지라 어떤 사람이 와서 여호사밧에게 전하여 이르되 큰 무리가 바다 저쪽 아람에서 왕을 치러 오는데 이제 하사손다말 곧 엔게디에 있나이다 하니 여호사밧이 두려워하여 여호와께로 낯을 향하여 간구하고 온 유다 백성에게 금식하라 공포하매 유다 사람이 여호와께 도우심을 구하려 하여 유다 모든 성읍에서 모여와서 여호와께 간구하더라(대하 20:1-4)

그는 온전히 하나님을 통해서만 이 역경을 극복하고자 했다. 그래서 금식기도까지 하며 간구했다. 금식을 했다는 것 자체가 오로지 하나님께 모든 것을 걸었음을 의미한다.

결국 여호사밧은 승리를 거두었다. 아니, 하나님이 승리를 거두게 하셨다. 도무지 이길 수 없을 것만 같았던 연합군의 공격이 하나님께 있어서는 대수롭지 않은 일이 아닌가. 그런데 그런 하나님의 도우심을 온전히 의지했으니 전쟁도 아주 간단하게 끝나버렸다. 특히 암몬과 모압 사람들이 서로 쳐죽이는 진풍경까지 연출되었다.

곧 암몬과 모압 자손이 일어나 세일 산 주민들을 쳐서 진멸하고 세일 주민들을 멸한 후에는 그들이 서로 쳐죽였더라(대하 20:23)

유다와 예루살렘 모든 사람이 다시 여호사밧을 선두로 하여 즐겁게 예루살렘으로 돌아왔으니 이는 여호와께서 그들이 그 적군을 이김으로써 즐거워하게 하셨음이라(대하 20:27)

한 달 만에 보여 주신 응답의 실체

파라과이에 파송되어 목회사역을 하면서도 부정할 수 없는 것 하나가 있었는데 문제가 생기면 무릎부터 꿇으면 된다는 것이었다. 우리가 뭔가 해결하려고 계산을 한다고 해서 풀릴 수 있는 게 아니니 시간을 끌 필요가 없다. 그냥 하나님께 맡기면 된다. 그래야 최고의 방법으로 최적의 때에 해결이 된다. 여호사밧이 마주했던 전쟁과도 같은 상황이든, 아니면 조금은 사소한 문제든, 크고 작은 역경과 위기를 공통적으로 돌파할 수 있는 방법은 그것 하나였다.

지붕이 날아갈 것 같은 교회 안에서도 우리는 절박함을 안고 기도부터 했다. 지붕이 안 날아가는 교회를 달라는 기도 제목을 안고 전 성도가 하나님께 간구했다. 사실 교회 건축이나 교회 건물과 관련한 기도를 한다고 해서 하나님이 다 들어주시거나 하지는 않을 것이다. 간혹 인간적인 욕심으로 더 큰 건물을 구하는 경우도 있을 테니까.

그러나 파라과이교회의 상황은 그야말로 절박했다. 비바람이 치는 가운데 지붕이 날아가면 어쩌란 말인가. 예배 자체를 드리기 어려운 상황에 놓이다 보니, 새로운 건물을 구할 수밖에 없었다. 그리고 하나님은 우리의 간절한 간구에 응답해 주셨다.

기도를 시작한 지 한 달 여 즈음이 지났을 때였다. 우리는 지속적으로 교회 매물을 보고 있었는데 한 달 정도 되던 때에 하나님이 수도 아순시온에 있는 유명한 독일 교회, 메노니따교회(메노나이트처치)에 가게 하셨다. 최인규 전도사와 함께 그곳에 찾아가서 가격을 흥정했다. 그 교회는 시외에 센터를 잘 지어 이사를 가게 되었다고 했다. 그런데 이전 교회 건물을 미국 선교부에 사라고 제안했지만 여의치 않은 상황이다 보니 난처한 중에 놓이게 되었던 것 같다.

우리 형편에 그 교회에 들어간다는 것은 언감생심이었다. 하지만 안 되는 것을 알면서도 모든 것이 마음에 드는 것은 어찌할 수 없었다. 건물 자체도 멋있었고 마당이며, 나무며 여러모로 만족스러웠다. 그냥 이 교회가 좋았다. 향나무에서 나는 향기가 뭔가 나를 환영해 주고 있다는 착각이 들 정도였다. 청소하시는 분께 잠깐 기도를 해도 되느냐고 요청을 해보았다. 다행히 괜찮다고 하여 교회 의자에 앉아 기도를 드렸다.

'하나님! 이 교회가 꼬레아 순복음교회가 되었으면 얼마나 좋겠습니까?'

이후로도 매일 밤마다 그 독일 교회에 가서 벽에 손을 얹고 동일한 기도를 드렸다.

사실상 말도 안 되는 간구라는 것을 잘 알았다. 하지만 기도하는 것은 자유 아닌가. 하나님의 뜻이 아니라면 거두면 되고 하나님의 뜻이면 밀고 나가면 된다. 그러니 마음껏 기도했다. 소원을 아뢰었다. 대신 하나님의 뜻이면 되게 해달라고 기도했다.

무릎을 꿇으면 기적이 시작된다

독일 교회 건물을 마주하고 난 후, 공동의회를 열었다. 교회를 사는 문제에 대해 공식적으로 안건을 내었는데 반대 입장이 꽤 거세었다. 반대하는 분들의 입장은 이러했다.

"지금 이 교회를 사며 집을 지을 때가 아니다. 그 돈 있으면 구제하고 인디안 선교해야 한다."

결국 K씨 종친회가 교회를 탈퇴했다. 유력한 몇 가정도 나가 버렸다. 반대에 부딪히자 혼란스러웠다.

그런데 하나님은 교회를 사는 방향으로 인도하시는 것을 느낄 수 있었다. 남은 제직들이 일심 단결하여 건물을 사기로 결의하고 본격적으로 성전 이전 준비를 하기 시작한 것이다. 물론 그에 따른 재정이 있을 리 만무했다. 그 당시 돈으로 몇 십만 불이니, 거의 2억 8000만 원 가량 되었다. 지금도 이 돈은 큰돈이지만, 당시로는 엄두도 못 낼 금액이었다. 하지만 하나님이 개입하시자 실마리가 풀리기 시작했다.

우선 돈을 빌려 준다는 윤선생이란 분에게 찾아가서 계약금 10만 불을 빌리게 되었다. 그 돈을 빌리기 위해 당시 재정 집사, 회계 집사 두 사람

재산을 담보로 걸었다. 매월 3부 이자로 갚는다는 조건으로 큰 금액을 구할 수 있었다.

한편 제직들뿐만이 아니라, 모든 성도들이 새성전을 위해 마음을 모으기 시작했다. 두 손을 걷어붙이고 헌금을 작정하기 시작한 것이다. 더 놀라운 일은 교회가 건축으로 뭉치기 시작하자, 모든 제직뿐 아니라, 성도 아이들까지 힘을 합치게 되었다는 것이다. 어느 날, 박창길 회계 집사가 찾아왔는데 이런 제안을 했다.

"목사님, 어른들만 건축에 참여하지 말고 아이들 이름으로도 참여하도록 해주십시오! 저의 두 딸 이름으로도 당장 작정하겠습니다."(그 맏딸이 현 멕시코 선교사 박혜윤 목사다)

얼마나 감격스러운지 모른다. 그리고 한 사람이 심은 씨앗은 생각지도 못한 파장을 일으켯다. 다음 주일날 이 내용에 대해 광고를 하자 많은 성도들이 자녀 이름으로 작정하기를 시작한 것이다. 결국 1년 반 만에 빚을 다 갚아 버렸다.

더욱이 하나님께서는 그때 물질과 마음으로 헌신한 성도들에게 더 놀라운 복을 내리기 시작하셨다. 특히 공동의회에서 유력한 가정들이 다 나가고 한 가정이 남았었는데 그 가정은 더욱 크게 축복하셨다. 그 가정은 고창순 집사, 권재분 집사 가정이며 그들은 모든 일에 헌신적으로 봉사하였다.

특히 이 일은 교민사회에 신선한 충격을 주기도 했다. 특히 그곳에 있는 한글학교이사진과 관계자들이 자극을 받았다.

"저렇게 조그만 판자촌교회였던 순복음교회가 큰 독일 교회를 인수했는데, 우리도 합시다."

얼마 안 있어 수도 아순시온 내에 한글학교가 건물을 소유하게 되는 축복을 받게 되었다.

지붕이 날아가는 교회에서 2층짜리 수려한 교회로

이제 그 유명한 독일 교회는 순복음파라과이교회가 되었다. 독일 교회를 두고 기도한 지 4개월만의 일이자, 파라과이 도착한 지 정확히 6개월 후인 1983년 3월에 일어난 역사였다. 2층짜리 교회였던 그곳의 본당은 600명~800명 정도가 들어갈 수 있을 정도로 컸고 1층은 교육시설이 완벽하게 잘 갖추어져 있었다. 담 곁으로는 7그루의 거대한 향나무가 찬란하게 뻗어 있었고, 의자는 독일에서 직접 공수해 온 나무로 만들어져 있었다. 물에 가라앉는 라파초(Lapacho)라는 나무인데 백년을 써도 상하지 않을 정도로 견고한 자재라고 했다. 또한 위치 역시 완벽했다. 사거리에서도 제일 번화한 중심거리에 자리를 잡았으니, 모든 것이 하나님의 은혜 아니고는 설명할 길이 없었다.

그만큼 모든 것이 감사했다. 지붕이 날아가지 않는 교회 그 자체도 감사의 조건일진데, 이런 분에 넘치는 교회를 허락하셨으니 어떻게 감사를 표현해야 할지 몰랐다. 오로지 기도로 일구어 낸 기적이 아니던가.

이사를 하고 첫 예배를 드리는데, 80여 명 성도가 앉아도 좌석 한 귀퉁

이밖에 안 되었다. 그 정도로 큰 건물에 우리가 안착하게 되었다. 이제 더 이상 지붕이 날아갈 위험도 없었다. 그저 지붕 안 날아가는 교회를 달라고 기도했을 뿐인데, 하나님의 선물은 생각보다 거대했다.

순복음파라과이교회 성가대 찬양

순복음파라과이교회 성령대망회

순복음파라과이교회 앞

순복음파라과이교회 성전봉헌식

Chapter 19

하나님이 주시는 복,
당당히 구하고 당당히 받으라

축복신앙 VS 기복신앙

축복을 구하는 것, 사실 하나님과 우리와의 관계에서 꼭 필요한 일임에
도 불구하고 오해를 종종 사게 되곤 한다. 소위 말하는 기복신앙으로 오해
받기 쉬운 것이다. 그러나 축복신앙과 기복신앙은 엄연히 다르다. 기복신
앙은 저급한 신앙이요, 경계해야 할 세속적인 신앙행태임이 틀림없으나
축복신앙은 절대적으로 필요하다.

기복신앙이 '복(福)만 바라는(祈) 신앙행태'를 말한다면 축복신앙은 '하나
님의 주시는 성경적인 복'을 의미한다. 물론 비슷한 점을 내포하고 있긴 하

다. 기본적으로 복을 받기 원하는 인간의 마음을 반영하고 있기 때문이다. 모든 일이 형통하고 축복을 받기 좋아하는 것은, 예부터 지금까지 변하지 않는 사람의 공통된 마음이다. 그러기에 물질적인 복을 구한다는 차원에서 유사해 보이기는 하다.

그러나 '구원과 영생'의 유무에 따라 분명한 차이를 보인다. 기복신앙에는 구원과 영생이 없다. 그냥, 복만 추구할 뿐이다. 거기에다가 윤리도 없고 자기가 필요한 것만 주시면, 그만일 줄로 안다. 거기에 요행까지 바란다.

반대로 축복신앙은 요행의 바람이 아니라, 약속의 바람이다. 언약을 중심으로 약속이 이루어질 것을 기다리는 것이 축복신앙이기에, 기도를 해도 하나님이 주신 약속의 말씀에 따라 기도하게 된다. 또한 기복신앙처럼 내 중심이 아니라, 절대자이신 하나님을 중심으로 나아간다. 그러기에 구원과 영생의 기쁨이 깃들어 있다.

당당히 구해야 한다

기복신앙과 축복신앙의 차이를 알았다면, 이제 당당히 구할 줄 알아야 한다. 무조건 복을 구하는 것이 기복신앙이 아님을 기억하며, 구해야 할 때는 구해야 한다.

어떤 사람은 굳이 구하지 않아도 전능하신 하나님께서 알아서 주지 않으시냐고 말하기도 한다. 물론 그 말도 틀린 것은 아니다. 하지만 '그럼에도 불구하고 구해야 한다. 상수도를 통해 집집마다 식수가 연결되어 있다 해도, 부엌에서 수도꼭지를 틀지 아니하면 물을 공급받을 수 없고, 발전소에서 생산되는 전기가 각 가정마다 연결되어 있다 하더라도, 가정이나 방에서 전기 스위치를 켜지 아니하면 전기를 결코 공급받을 수 없지 않은가. 마찬가지로 하나님의 원천적인 은혜와 축복이 언약되어 있더라도, 구하지 않으면 받지 못한다. 이스라엘 백성도 마찬가지였다. 아무리 하나님의 구원의 언약이 있어도 구할 때에야 응답 주시는 게 하나님의 방법이다.

> 주 여호와께서 이같이 말씀하셨느니라 그래도 이스라엘 족속이 이같이 자기들에게 이루어 주기를 내게 구하여야 할지라 내가 그들의 수효를 양 떼 같이 많아지게 하되 제사 드릴 양 떼 곧 예루살렘이 정한 절기의 양 무리 같이 황폐한 성읍을 사람의 떼로 채우리라 그리한즉 그들이 나를 여호와인 줄 알리라 하셨느니라(겔 36:37-38)

무엇보다 구하는 것 자체가 '기도'가 아닌가. 하나님과의 만남과 교제를 전제로 우리는 구하게 된다. 그러니 많이 구하는 자는 그만큼 하나님과 친밀한 관계에 있다는 것이고, 그만큼 더 큰 복을 누릴 수밖에 없다. 실제로 우리는 구하지 않기 때문에 얻지 못하는 경우가 많다.

> 너희가 얻지 못함은 구하지 아니하기 때문이요(약 4:2)

기도원을 향한 새로운 꿈

목회사역을 하면서 구하면 부어 주신다는 것을 한두 번 체험한 것이 아니다. 앞서 나누었던 순복음파라과이교회가 새롭게 세워진 것도 대표적인 체험이었고 그 외에도 다양한 부어 주심을 체험하며 살았다. 그런데 그중에서도 가장 특별했던 것은 기도원 건축이 아닐까 생각한다.

순복음파라과이교회가 새롭게 세워지고 놀랍게 부흥되고 있는 중에, 성도들이 기도원을 사자는 제안을 했다(이미 전임 목사님 때부터 기도원 설립 계획을 가지고 있었고, 한국 돈으로 일백만 원 정도를 모아놓은 상황이었다). 이조차도 하나님의 뜻대로 움직여야 했기에, 하나님의 인도하심을 간구하며 부지를 찾아보기 시작했다.

그때 중요한 사실을 알았다. 부지를 찾다 보면 십자가들이 조금씩 보이긴 하는데 막상 가보면 거의 가톨릭 기도원이나 수녀원이었다는 사실이다. 즉, 가톨릭과 관련된 수양원은 많은데 기도원은 없었던 것이다. 그러자 비전이 더욱 분명해지기 시작했다. 파라과이에 기도원을 건축하는 것, 이것이 하나님이 우리 교회에 보여 주신 뜻인 것 같았다.

하나님의 뜻이라는 확신이 들면서 본격적으로 기도를 하며 구하기 시작했다. 그런데 구하는 과정에서 20여 군데를 둘러보았으나 평지라고는 물웅덩이 정도의 땅밖에 없었다. 우리는 하나님께 당당히 구했다. 하나님의 사람들이 모여 마음껏 기도할 수 있는 공간을 만드는 것이니, 이왕이면 에덴동산 같은 곳을 구하자고 생각했던 것이다(물론 이 생각조차도 하나님이 주신 생각이라 믿는다). 그래서 성도들과 철야기도를 하면서 구체적인 기도제목을 나누었다.

어느 날 금요 철야시간에 무릎을 꿇자, 하나님이 말씀하셨다.

"기도원을 구하려면, 에덴동산 같은 기도원을 구해라."

나는 간절히 기도했다.

"에덴동산과 같은 기도원을 세우게 해주세요."

처음에는 그냥 작은 기도원 하나만 있어도 좋을 것 같다고 생각했는데, 점점 일이 커지는 것만 같았다. 하지만 이것이 인간적인 욕심이 아니라는 마음을 주시면서 우리는 하나님의 인도하심에 모든 것을 맡겼다. 그리고 그만큼 더 기도했다.

에덴동산을 찾아서

사실 에덴동산과 같은 기도원을 달라고 기도는 했지만 파라과이에서 에덴동산을 찾는 것이 쉽지는 않았다. 그런 상상 속의 부지가 현실에서 있긴 할까 싶었다.

그러던 어느 날, 파라과이인 한 의사가 땅을 판다는 신문광고를 보게 되었고 서용석 집사와 함께 찾아가게 되었다. 그런데 차를 타고 가던 중 홍수로 비가 너무 많이 와서 길이 끊겨버렸다.

어쩔 수 없이 차를 세우고 기다리는데, 운전하던 서용석 집사가 용변이 급해 잠시 내리게 되었다. 얼마 후 차로 돌아온 그 분의 손에는 귤이 들려 있었는데, 먹는 순간 꿀맛이었다. 굴맛이어야 하는데 꿀맛이라니, 이게 웬 일인가 싶었다.

얼른 내려서 굴나무가 있던 땅으로 가보았다. 보는 순간, 깜짝 놀랐다. 우리가 생각하던 에덴동산이 이곳이라고. 그곳은 파란 냇물과 잔디 운동 장이 어우러져 있었고, 굴나무와 25,000수의 파인애플 농장이 크게 형성 되어 있었다. 기도하기에 딱 좋은 바위도 200~300덩어리 정도 있었다.

"여기가 에덴동산이구나!"

이 땅을 살 수 있는 여건이 되는 것도 아니고 이 땅의 주인이 이 좋은 땅 을 팔 것 같지도 않았지만 하나님의 인도하심이라면 될 거라 믿었다. 그래 서 주인을 만나 팔 의향이 있냐고 물어보았다.

역시나 주인은 팔 생각이 없었다. 그때 내가 말했다.

"당신이 이 땅을 교회에 팔면 크게 축복받을 것입니다."

일주일 후 20대인 둘째 아들이 찾아왔고 우리가 제안한 액수를 듣고 팔겠다고 했다. 그렇게 해서 그 땅을 외상으로 사고 월부로 갚게 되었다. 11.5헥타르, 곧 35,000평가량 되는 거대한 땅이었다.

성도가 한 마음으로 무릎을 꿇다

산다고는 했지만 돈이 있는 것도 아니었다. 팔겠다는 답은 받아내었지 만 사실은 지금부터가 시작이었다. 우리가 할 수 있는 것은 역시나 기도뿐 이었다. 그렇게 기도로 세워나가는 기도원 프로젝트가 본격적으로 시작되었다.

기도원 건립 후, 우리는 매주 기도회를 하기로 했다. 교회에서 차로 한 시간이나 걸리는 거리였다. 하지만 우리는 버스에 몸을 싣고 매주 그곳을 향했다. 초저녁부터 시작된 우리의 여정은 지금도 잊을 수 없는 추억의 순간들이었다. 48인용 버스인데 120명가량이 탔으니 나머지는 선 채로 껴서 가야 했다. 솔직히 버스가 안 터진 것부터가 기적이었다. 그렇게 도착하면 금요일 밤부터 토요일 새벽까지 밤새 기도를 했다. 그 가운데 방언받고 성령받는 역사가 끊임없이 이어졌다.

사실 교회에서 기도원까지 한 시간이나 걸린다는 것도 처음 간구했던 기도제목과 일치했다. 본래 기도원을 세우는 것을 두고 일곱 가지를 하나님께 아뢰었었다.

먼저는 교회에서 기도원까지 한 시간 정도 걸리게 해달라는 것이었고, 또 바위가 있게 해달라고 기도했었다. 냇물이 사시사철 흘렀으면 좋겠다는 내용도 있었고, 동네와 떨어져 있어서 큰 소리로 기도할 수 있게 해달라고 했다. 그러한 기도 제목들을 구체적으로 아뢰었는데 놀랍게도 다 일치하는 것이 아닌가. 그러니 한 시간가량 차를 타고 가면서도 감사할 수밖에 없다. 기도제목이 그대로 이루어진 것이었으니까.

이렇게 기도한 그대로 실현이 되었다는 것 때문에 한동안 4차원의 영성 강의를 다닌 적도 있었다. 파라과이 하나님의 성회, 총회 및 신학교수 모임 및 남미 미국선교사 모임에서 강의를 해달라고 요청이 들어와 토요일 8시부터 12시까지 2년간 강의를 했다. 그때 통역했던 처녀 전도사님이 지금 LA의 진유철 목사님 사모이신 김명희 청년이다. 물론 토요일마다 가는 것이 버겁기는 했다. 그 전날부터 밤새 철야를 하고 이어서 강의를 했으니…. 그러나 타국에서 그렇게 4차원의 영성을 가지고 강의할 수 있다는 것도 축복일 수밖에 없었다.

감격스러웠던 기도원 상량예배

하나님이 주도하시는 가운데 드디어 기도원이 세워졌다. 1985년 6월, 하나님 은혜 가운데 기도원 상량 예배가 드려졌다. 이때 미국선교회장, 타교단 목사님들은 물론 경찰서장, 시장까지도 다 올 정도로 그 지역에 화제가 되었다. 기독교에서 세운 금식기도원이지만 이미 지역사회에는 건축 때부터 중요하게 각인이 되어 있었던 것이다.

기도원이 세워진 후로도 우리는 그 땅에서 하나님의 숨겨진 선물들을 마음껏 받아 누렸다. 땅이 좋다는 것은 이미 알고 있었지만, 상상했던 것 그 이상이었다. 얼마나 땅이 좋은지 수박씨를 뱉어놓으면 수박이 날 정도였다. 그리고 그곳에 있는 망고나무는 1년에 두 번씩 열매가 열리는데, 한 번에 5000개가량이 열린다. 그러면 1년 동안에 수확할 수 있는 망고는 1만 개가량이 된다. 그런 시원한 나무 그늘에서 200명이 예배를 드린다고 생각해 보라.

망고나무를 보면서 하나님이 부어 주시는 복에 대해서도 다시금 묵상할 수 있었다. 보통 우리가 삼십 배 육십 배 백 배의 복을 이야기하는데 이것은 십만 배였다. 60년 동안 있던 나무였기 때문에 1년에 만 개가 열린다고 하면 이제까지 총 60만 개가 열린 것이 아닌가. 그 나무를 보면서 백만 배도 열릴 수 있게 하시는 것이 하나님이 축복하시는 방법임을 배울 수 있었다.

파라과이금식기도원 개원 커팅식

기도원 상량예배

기도원 개원식 때(왼쪽부터 미선교사 대표, 파라과이 깐디아 총회장, 파라과이 미신학교 학장, 파라과이 연합교회 강두호 목사, 파라과이 아순시온교회 김재창 목사, 파라과이연합회장, 경찰서장)

Chapter 20

파라과이 선교,
하나님의 뜻임에 틀림없었다

은혜에도 단계가 있다

"남미로 가라"는 명령 하나만 붙들고 온 파라과이 땅. 그야말로 나에게
는 미지의 세계일 뿐이었다. 그러나 하나님은 상상치도 못할 역사를 일으
킬 땅임을 미리 알고 계셨다. 이곳에서는 살아 계신 하나님을 느끼게 하는
정말 많은 역사와 기적들이 일어났다.

무엇보다 파라과이에서 사역을 감당하면서 느낀 것은 은혜가 날로 더
깊어진다는 것이었다. 매번 '이보다 더한 은혜가 있을까?' 싶었지만, 시간
이 지나면 그보다 더 큰 은혜가 임하는 신비를 경험할 수 있었다. 그러면

서 하나님의 살아 계심을 생생하게 느낄 수 있었고 하나님의 사랑을 받는 우리가 얼마나 복된 존재인지를 깨달을 수 있었다.

성경에서 은혜가 날로 더 깊어진다는 것을 보여 주는 것이 에스겔에게 보여 주신 물의 환상이다(겔 47:1-12). 하나님께서 에스겔에게 신비한 물의 환상을 보여 주셨는데 성전 문지방 밑에서 흘러내린 은혜의 신비한 물은 더 깊은 곳으로 흘러갈수록 새로운 은혜의 세계를 열어주었다. 이 환상은 '은혜의 점진적인 단계'로 나아가는 것에 대한 신비를 보여 주고 있었던 것이다.

그리고 나는 파라과이 선교를 하면서 그 점진적인 단계를 생생하게 체험했다. 에스겔이 본 환상은 오늘날에도 동일하게 현실로서 펼쳐지고 있었던 것이다.

발목까지 오는 은혜 - 새생명을 얻는 축복

에스겔의 환상 중 처음에 등장하는 은혜는 발목까지 오는 은혜를 의미한다. 이 은혜는 택하고 부르심의 단계를 뜻한다.

> 그 사람이 손에 줄을 잡고 동쪽으로 나아가며 천 척을 측량한 후에 내게 그 물을 건너게 하시니 물이 발목에 오르더니(겔 47:3)

창조주 하나님께서 나를 하나님의 모양과 형상대로 지으시고, 계획하신 때에 하나님의 영광을 위해 나를 부르신 것, 그 놀라운 은혜가 발목의 은혜다. 특히 발목을 휘감고 있는 물은 '성소로부터 나온 생명수'로서 생명의 물이자, 구원의 물이었다. 더 정확히 말하면 보혈로 이룬 생명수요, 십자가 고난으로 이룬 생수였다. 하나님은 이 물을 마시고 살며, 이 은혜 속에서 살아가야 할 것을 보여주셨던 것이다.

> 내가 주는 물을 마시는 자는 영원히 목마르지 아니하리니 내가 주는 물은 그 속에서 영생하도록 솟아나는 샘물이 되리라(요 4:14)

순복음파라과이교회는 새생명이 탄생하는 것을 끊임없이 목격하는 교회였다. 새 성전에서 첫 예배를 드릴 때만 해도 80여 명 성도가 한 귀퉁이에 앉아 있었지만 3년 후에는 9시 1부 예배에 250명, 11시 2부 예배에 300~400명가량이 출석하게 되어 출석 성도가 700여 명(주일학생 포함 1000여 명)에 달하게 되었다. 이는 이민 교회로서 기적적인 부흥이었다. 주님이 주신 생명수를 마신 사람들이 그렇게 하나둘씩 늘어가는 것을 보면서 파라과이의 복음화, 더 나아가 남미 복음화의 비전은 더욱 강해지게 되었다.

물론 6년의 사역을 끝으로 미국으로 가게 되었지만 여전히 그 생명수를 마시고 소생하게 될 교민들을 생각하면 마음이 설렌다.

무릎에 오르는 은혜 - 기도 응답의 축복

에스겔의 물의 환상 두 번째는 무릎에 오르는 은혜를 의미한다.

다시 천 척을 측량하고 내게 물을 건너게 하시니 물이 무릎에 오르고(겔 47:4)

이 은혜는 순종의 은혜와 기도의 은혜다. 이 책에서 지속적으로 이야기한 것처럼 순종은 옵션이 아니라 필수다. 순종하면 축복, 아니면 현상유지가 아니다. 불순종은 바로 멸망으로 이어진다.

한편 순종에 전제되어야 할 것은 기도다. 기도를 해야 하나님의 말씀을 듣고 그 말씀을 들어야 순종을 할 수 있다. 순종을 하려면 하나님의 뜻이 무엇인지부터 들어야 하는 것이다. '가장 연약한 성도가 하나님 앞에 무릎을 꿇을 때, 마귀는 무서워 벌벌 떤다.'는 말이 있다. 그만큼 성도의 가장 큰 무기는 기도이며, 기도만 할 수 있으면 만사를 능히 변화시킬 수 있다. 그러기에 가장 어려울 때, 가장 필요할 때, 하나님께 무릎 꿇고 기도해야 한다.

우리는 그렇게 가장 어려울 때마다 기도로 나아갔다. 우리의 방법대로는 도저히 안 될 일들임을 인정하며 온 성도가 힘을 합해 기도로서 나아갔고 그렇게 교회 건축과 기도원 건축도 이루어 낼 수 있었다. 그 하나하나가 하나님의 전적인 능력에 따른 것이었고 기도의 응답들이었다. 그리고 그 가운데서 성령께서 물질로 헌신하도록 마음을 움직이실 때, 성도들은 기꺼이 순종함으로 나아갔다. 그런 하나하나가 파라과이 선교 역사를 움직여 나갔다. 성령의 이끄심, 그리고 그에 대한 복종이 더해져서 새로운 은혜의 깊이를 경험하게 한 것이다.

허리에 오르는 은혜 - 사역자 파송의 축복

이어서 에스겔은 물이 허리까지 차오르는 것을 본다. 허리에 오르는 은혜는 겸손과 섬김을 통해 주어지는 은혜를 의미한다.

다시 천 척을 측량하고 내게 물을 건너게 하시니 물이 허리에 오르고(겔 47:4)

사람들이 예수 믿고 기적이 나타나고 축복 받고 응답이 척척 오면, 교만해지기 쉽다. 그러나 겸손하면 하나님은 더 큰 은혜를 주신다.

그러나 더욱 큰 은혜를 주시나니 그러므로 일렀으되 하나님이 교만한 자를 물리치시고 겸손한 자에게 은혜를 주신다 하였느니라(약 4:6)

그런데 이런 겸손은 섬김과 직결된다. 거만하면 하나님께 버림받고, 겸손하면 더 큰 은혜를 주시는데 그 은혜는 더 많은 일을 할 수 있는 '기회'도 포함한다. 사실 청지기로서 가장 중요한 덕목은 겸손이다. 그러기에 하나님은 누군가를 쓰시기 전에 먼저 겸손하게 만드시고 그다음에 직무를 맡기신다. 예수님 역시 제자들의 발을 씻기시면서 겸손히 봉사해야 한다는 것을 몸소 보여 주셨다.

저녁 잡수시던 자리에서 일어나 겉옷을 벗고 수건을 가져다가 허리에 두르

시고 이에 대야에 물을 담아 제자들의 발을 씻기기를 시작하여(요 13:4-5)

파라과이에서도 하나님은 겸손의 은혜를 통해 '겸손한 하나님의 일꾼'들을 세우시고 그 일꾼들을 파라과이 곳곳에 파송하셨다. 그 결과, 6년 동안 스트로 에스네르교회 개척(진유철 신학생 파송), 남미 에꾸아돌 과야길교회 개척(고경환 전도사 파송), 시온교회 개척(김성철 선교사), 원주민교회 개척(임해천, 김명희 전도사), 로사리오교회 개척(최인규 전도사), 브라질에 김용철 선교사, 김용환 선교사, 볼리비아에 전명규 선교사, 전용태 선교사, 진상훈 선교사 등 1개의 교민교회개척과 8개의 원주민교회개척을 열매로 맺었다. 처음엔 교민선교로 시작했으나 자라나는 교민자녀들과 원주민 사역자들을 양성하면서 우리가 상상하지도 못했던 열매들을 맺게 된 것이다.

그렇게 하나님의 놀라운 은혜로 순복음파라과이교회를 통해서 20여 명이 넘는 선교사, 목회자들이 배출되었고, 그들을 통해 수백 명이 넘는 원주민 선교사들이 배출되어 남미 전 지역에 수많은 원주민 선교가 이루어지게 되었다.

남미선교에 앞장선 여의도순복음교회 출신 선교사들이 있었다. 브라질 이호선 목사, 아르헨티나 박요한 선교사, 칠레 이정현 목사, 볼리비아 최인규 선교사 등이다.

구체적으로 순복음파라과이교회가 세운 선교사들이 남미에 신학교를 세우기 시작하면서 남미 현지인 선교가 본격화되었다. 곧 오늘날 남미선교의 부흥은 하나님의성회신학교가 있었기 때문에 가능했던 것이다. 이학교들은 모두 원주민 신학교이며 1983년도부터는 여의도순복음교회 선교국 지원이 이루어져 보다 확장될 수 있었다.

남미선교 방식은 이러하다. 우선은 교민교회가 기초가 된다. 교민교회의 자녀들이 원주민 신학교에 들어가게 되는 것이다. 이후 그들이 교육과 훈련을 받아 선교사로 세워지고 또 다시 제자를 길러냄으로써 점진적으로 확장되기 시작한다.

사실 처음에는 남미지역에 신학교가 아예 없었다. 그런 불모지와도 같은 곳에 신학교가 하나 둘씩 세워지고 선교사들이 훈련을 받기 시작한 것이다. 참고로 김용철 선교사는 브라질에, 최인규 선교사는 볼리비아에 신학교를 세웠다. 또한 전명진 선교사가 운영하는 볼리비아영산신학대학교는 한세대학교와 결연을 맺기도 했다.

이러한 놀라운 역사가 가장 활발했던 시기는 1985, 1986년이었다. 당시 김성철 선교사를 중심으로 진유철 선교사를 세우고 그 밑에 원주민 제자들이 있었다. 나중에는 김용철 목사 밑에만 40여 명의 사역자가 있었고 동생 김용환 인디언 선교사 밑에는 20여 명이 있을 정도였다. 또한 각 처마다 10명, 5명씩 다 있었다. 2000년에 최인규 목사가 귀국하게 되었을 때는 그동안 하던 원주민 교회를 맡겼는데, 이후로도 부흥하여 20여 개의 교회로 불어나고 신학교가 세워지게 되었다.

이렇게 1980년대 중반 이후 선교사들이 교회 부흥 성장과 함께 남미 전역으로 퍼져 나가기 시작했다. 교회가 성장하면서 교민 중심이었던 사역이 급격히 원주민 사역으로 확장되었고 그 결과 남미에는 100여 명의 현지인 사역자가 파송되었다.

이와 더불어 1980년대 이후 남미에서 순복음이 크게 부흥하는 데 있어, 조용기 목사님의 영향력도 빼놓을 수 없다. 하나님은 조용기 목사님을 통해 남미에 성령운동의 새 바람을 불어넣으셨다. 조용기 목사님은 1987년도에 처음으로 아르헨티나를 방문했는데 당시 대통령 궁 앞에서 대성회를 인도했다. 이후로, 한국을 방문해 순복음의 영성을 배우는 남미인들이 늘어나기 시작했다.

본래 남미의 가톨릭교도 비율은 95% 정도나 되었다. 안타깝게도 과거 인디언 신앙이 그 안에 들어가다 보니 우상과 접목되어 있었고 의식에만 치우쳐 있었다. 그런 현실에서 복음의 진리를 알 턱이 없었다. 그럼에도 오순절 신앙과 기질이 맞았고 하나님이 조용기 목사님을 통해 성령의 바람을 불어넣으시자, 성령 운동이 뜨겁게 일어나는 거룩한 지역으로 발전할 수 있었다.

한편 현재 순복음교회 남미총회는 남미동 지방회와 남미중 지방회, 남미남 지방회, 남미북 지방회의 4개가 있으며 브라질, 파라과이, 아르헨티나, 칠레, 볼리비아, 에콰도르, 멕시코 등 7개국이 포함되어 있다.

이 모든 것이 전적인 하나님의 은혜와 열매이며, 동역했던 남미 선후배 선교사들 특히 이호선 목사님, 박요한 목사님을 위시해서 파라과이교회 성도님들의 땀과 눈물의 헌신이 일구어 낸 결과였다. 또한 이곳으로 파송해 준 모교회 여의도순복음교회 조용기 목사님과 선교국, 그리고 성도들의 헌신과 사랑에 따른 것이었다.

고경환 목사 고등학교 졸업식(파라과이)   델에스데순복음교회 부흥성회 인도
(진유철 담임목사와 함께)

헤엄치는 은혜 - 성령의 역사를 경험하는 축복

에스겔이 본 마지막 단계는 헤엄칠 정도로 물이 차오르는 것이었다. 곧 헤엄치는 은혜다. 신앙도 얕은 물에서 찰싹찰싹하는 사람이 있는가 하면, 깊은 물, 헤엄칠 만한 물에서 더 큰 은혜를 체험하는 사람이 있다. 그런데 이와 같은 하나님의 한량없는 은혜는 말씀을 통해 경험할 수 있다. 또한 성령 충만하여 성령님과 동행하는 가운데서 누릴 수 있다. 성령의 새 술에 취하면 헤엄치는 은혜를 경험하게 되는 것이다. 성령의 은혜는 물줄기를 타고 사막과 같은 곳에 임하는 정도가 아니라 강물처럼, 폭포수처럼 임하는 것이다.

파라과이에서 경험한 성령의 역사는 이루 말할 수 없다. 금식성회를 교포 사회에 선포하면서 많은 역사가 일어났고 이때 전원이 3일 금식을 하면서 하나님 앞에 헌신하는 일들이 일어났다. 결국 이 성회를 계기로 금식기도원의 필요성도 깨닫게 되었다. 당시 남미 목사님과 교회 성도들이 곳곳에서 모였고 남미 땅을 향한 성령의 비전을 발견하는 시간을 가질 수 있었다.

그뿐만이 아니라, 매순간 성령의 인도하심을 통해 막막하기만 했던 파라과이 땅에서 기적을 맛볼 수 있었다. 그만큼 파라과이는 외로운 외지가 아니라 성령이 거하시고 성령이 늘 함께하시는 은혜와 축복의 땅이었다.

지금도 성령은 그곳의 사역자들과 성도들을 더 깊은 영적 세계로 들어가게 하실 것이다. 신비한 물이 이르는 곳마다 모든 것이 소성케 되고 변화되었던 것처럼 지금 이 순간에도 파라과이에서는 성령의 놀라운 역사가 일어나고 있을 것이다. 그리고 그 가운데서 하나님의 사람들은 모든 것이 살아나는 생명력과 그 안에서 넘쳐흐르는 하나님의 깊은 은혜를 나누고 있을 것이다. 직접 보지는 않았지만 확신할 수밖에 없다. 그곳에서 사역하는 동안, 하나님이 그 땅을 얼마나 사랑하시는지를 분명하게 목격했기 때문이다.

남미선교대회(왼쪽부터 진유철, 전용태, 한승수, 윤종남, 최인규)

파라과이지방선교대회(통역: 김성철 선교사)

조용기 목사님 아르헨티나 성회(1986년)

Part 5

인도자 하나님은
언제 어디에서든
내 손을 놓지 않으신다

파라과이 사역을 마친 뒤, 하나님은 미국에서 사역을 이어 가게 하셨고 이후 다시 한국으로 오게 하셨다. 정말 많은 곳을 다니며 사역하게 하신 하나님은 그때마다 뜨거운 무엇인가를 느끼게 하셨다. 바로 하나님의 손이었다!

하나님은 늘 나의 손을 잡고 계셨다. 그것은 곧 나를 인도하신다는 사인이었다. 어디서든 함께하시겠다는 표시였다. 나는 하나님의 손을 느낄 때마다 다시 힘을 낼 수 있었다. 새로운 곳을 향해 다시 떠날 때에도 그 어떤 두려움도 없이 발을 옮길 수 있었다.

미국에서의 사역과 한국에서의 지성전 사역 그리고 부산으로 오기까지의 이야기가 여기에 담겨 있다. 돌아보면 그 모든 순간에 하나님은 내 손을 붙들고 계셨다. 그리고 지금 이 순간도 내 손을 강하게 붙들고 계신다. 이 이야기들을 나누는 동안 모두가 하나님의 그 손을 느낄 수 있길 기대해 본다.

Chapter 21

또 다른 미지의 땅,
미국으로 향하다

야곱이 어디를 가든 함께하셨던 하나님

성경에는 복잡한 인생여정을 걸어온 인물들이 많다. 특히 신앙의 선진들이라고 하는 아브라함, 이삭, 야곱, 요셉이 그런 여정을 겪었다. 이곳저곳을 옮겨 다니며 그야말로 다이내믹한 인생의 굴곡을 겪어야 했던 자들이 바로 그들이었다.

하지만 그들이 어디에 가든, 하나님은 그들과 함께하셨고 그들을 보호하셨다. 어떤 실수를 하더라도 하나님은 회복의 은혜를 주셨으며 더 큰 깨달음을 얻게 하셨다. 그리고 고난이 찾아오면 그 가운데서 함께 고난의 시간을 보내 주시고 이후에는 더 큰 위로와 축복으로 갚아 주셨다. 그렇게 우리는 그들의 복잡한 인생여정 속에 개입하시는 하나님의 역사와 인도하심이 얼마나 섬세하시고 자비하신지를 더 분명히 알게 된다.

네 사람 중에서도 야곱을 한번 살펴보자. 그는 형 에서를 속이고 도망을 갔다. 요셉처럼 형들에게 팔아넘겨진 상황이라면 하나님의 긍휼을 당당히 구할 법도 한데, 지금 야곱의 상황에서는 불안하기 이를 데가 없다. 자신이 형 에서를 속인 후 후환이 두려워 도망 나온 상황이니 요셉과는 조금 다른 상황인 것이다. 그러나 하나님은 그 와중에도 함께하셨다. 오히려 불안과 두려움이 중첩된 상황에서 말로만 듣던 하나님을 제대로 만나게 된다.

하란으로 피난 가던, 인생 최대의 위기에서 꿈에 살아 계신 하나님의 실체를 만나게 된 야곱! 도망가는 중에서도 하나님은 그와 함께하셨다. 그 이후, 외삼촌 라반의 집에서 14년간 일을 하는 중에도 함께하셨고, 이후 애굽에서 요셉을 만날 때까지 다양한 우여곡절을 겪는 중에도 함께하셨다.

어디 이것이 야곱에게만 해당되겠는가. 하나님은 야곱에게 그러셨던 것처럼, 우리 인생 가운데서도 동일하게 개입하시고 함께해 주신다. 그리고 나의 목회 사역 가운데서도 동일하게 함께해 주셨다. 짧다면 짧고 길다면 긴 사역 기간 동안 많은 사역지의 이동이 있었다. 그것도 국내에서의 이동이 아니라 국내와 해외를 넘나드는 많은 변화를 겪어야 했다. 하나님은 많은 변화의 상황 속에서도 내가 흔들리지 않도록 붙들어 주셨고 매순간 상황에 맞게 온전히 나를 이끌어주셨다.

갑작스런 미국으로의 행보

파라과이에서 하나님의 놀라운 역사를 경험하고 난 뒤, 예상치도 못한 미국에서 새로운 사역을 시작하게 되었다. 솔직히 미국으로 가게 된 것은 파라과이로 파송될 때와는 상황이 다르다. 하나님의 음성을 듣고 순종하는 마음으로 가게 되었다기보다 상황의 이끌림에 따라가는 것에 더 가까웠다. 하지만 상황으로도 하나님은 역사하시기에 지속적으로 기도하며 하나님의 인도하심을 구했다.

그때 미국에 가게 된 계기도 전혀 예기치 못한 것이었다. 아주 옛날에, 사모의 형제들이 다 미국에 거주하고 있었기 때문에 형제초청 자격으로 이민 신청을 한 적이 있었다. 미국에 가기 위해 했다기보다, 그런 기회가 있으니 한번 넣어보자는 식으로 넣었던 것 같다. 그런데 세월이 한참 흘러서야 영주권이 나와 버린 것이다. 솔직히 이민 신청했다는 사실조차 잊었던 터라 놀랍다 못해 당황스러울 수밖에 없었다.

갑자기 영주권이 나온 상황에서 고민을 많이 했다. 하나님이 미국으로 가라고 정확하게 지시하신 것은 아니기에 파라과이 갈 때와는 상황이 달랐던 것이다. 하지만 이런 기회조차 하나님의 인도하심 속에 있을 줄로 믿고 미국으로 가게 되었다.

마침 나는 남미총회장을 역임하고 있었고 박종선 목사님은 북미총회장을 역임하고 있었는데, 내가 미국에 가게 되었다고 하자 박목사님은 무조건 휴스턴순복음교회로 가라고 제안을 했다. 사실 아직 지역도 정하지 않앉고 오로지 주님의 인도하심만을 기다리며 기도하고 있었는데, 박종선 목사님의 권유로 그렇게 자연스럽게 휴스턴으로 향하게 되었다. 휴스턴 사역 기간 동안 기억 남는 것으로는 4.8초청잔치가 있다. 하루에 무려 11번이나 예배를 드렸고 가수 선우성과 한용석 목사님 두 아들들이 듀엣으로 찬양인도를 하셨는데 휴스턴이 시끌벅적할 정도였다.

이후, 여기서 2년간 사역을 하고 LA로 넘어가게 되었다. 그곳에서는 기존의 교회에 부임하지 않고 LA한인교회를 새로 개척하였다. 처음에는 집 마루에서 예배를 드리며 시작했는데 성도들이 많아지면서 더 이상은 수용이 어려워 피오피코스쿨 강당을 교회로 사용하게 되었다. 이곳에서 역시 2년 정도 사역을 했고 후에 서대웅 목사 그리고 고경환 목사님에게 인수인계를 한 후 나오게 되었다.

다음으로 간 곳이 엘파소였다. 엘파소에 교회를 세우게 된 계기도 조금은 의외였다. 당시 남미에서 이민 오신 분들이 있었는데, 엘파소에 멕시코 다리 하나 사이로 큰 시장이 형성되어 있었다. 특히 그곳에는 순복음파라과이교회 성도 출신이 꽤 있었다. 그러다 보니 교회가 필요하다는 의견이 있었고 자연스럽게 엘파소에 교회를 개척하게 되었다. 이곳에서는 3년 정도 사역을 했다.

사실 미국에서의 7년 간 사역이 파라과이에서의 사역처럼 놀라운 기적와 역사가 지속적으로 펼쳐진 것은 아니다. 그러나 하나님은 세 지역의 교회를 섬기게 하시면서 새로운 훈련을 시켜 주셨다. 그리고 7년 정도 지났을 때, 한국에서 다시 사역할 수 있도록 길을 허락해 주셨다.

휴스턴순복음교회

휴스턴 기도원

LA, 가정에서 예배드릴 때의 모습

LA한인순복음교회(학교 강당)

LA한인순복음교회 예배 장면(학교 강당)

미국엘파소선교교회 송구영신예배 후

Chapter 22

그리운 땅,
한국으로 다시 불러 주신 하나님

고향으로 돌아오는 야곱과 함께하신 하나님

야곱은 고향을 떠나 라반의 집으로 향할 때 하나님을 뵈었고 복을 약속 받았다.

또 본즉 여호와께서 그 위에 서서 이르시되 나는 여호와니 너의 조부 아브라 함의 하나님이요 이삭의 하나님이라 네가 누워 있는 땅을 내가 너와 네 자손 에게 주리니 네 자손이 땅의 티끌 같이 되어 네가 서쪽과 동쪽과 북쪽과 남 쪽으로 퍼져나갈지며 땅의 모든 족속이 너와 네 자손으로 말미암아 복을 받으리라 내가 너와 함께 있어 네가 어디로 가든지 너를 지키며 너를 이끌어 이 땅으로 돌아오게 할지라 내가 네게 허락한 것을 다 이루기까지 너를 떠나지 아니하리라 하신지라(창 28:13-15)

이후 야곱은 굳건하고 담대한 믿음으로 하나님의 축복을 받으며 지냈고 고향으로 돌아가던 중, 다시 한 번 얍복 강가에서 살아 계신 하나님을 만나게 된다.

야곱은 홀로 남았더니 어떤 사람이 날이 새도록 야곱과 씨름하다가 자기가 야곱을 이기지 못함을 보고 그가 야곱의 허벅지 관절을 치매 야곱의 허벅지 관절이 그 사람과 씨름할 때에 어긋났더라 그가 이르되 날이 새려하니 나로 가게 하라 야곱이 이르되 당신이 내게 축복하지 아니하면 가게 하지 아니하겠나이다(창 32:24-26)

이곳에서도 축복을 약속받았다. 더 나아가, 이스라엘이라는 새로운 이름도 받게 되었다.

그 사람이 그에게 이르되 네 이름이 무엇이냐 그가 이르되 야곱이니이다 그가 이르되 네 이름을 다시는 야곱이라 부를 것이 아니요 이스라엘이라 부를 것이니 이는 네가 하나님과 및 사람들과 겨루어 이겼음이니라 야곱이 청하여 이르되 당신의 이름을 알려주소서 그 사람이 이르되 어찌하여 내 이름을

묻느냐 하고 거기서 야곱에게 축복한지라(창 32:27-29)

야곱은 이미 라반의 집에서 거하는 동안 많은 재물을 얻었으나, 그것에 만족하지 않았다. 그가 정말로 바라는 것은 하나님이 주시는 복이었기 때문이다. 그러기에 과거에 라반의 집으로 도망가던 중에 받았던 그 복을 기억하며, 또다시 축복해 달라고 간구를 했던 것이다.

그만큼 하나님이 함께하신다는 것이 그에게는 가장 큰 힘이었다. 특히 그는 하나님이 함께해 주심을 알면서도 하나님을 계속하여 찾음으로써 온전히 하나님을 의지하는 모습을 보여 주었다.

한국 땅을 다시 밟으면서

사실 우리도 하나님이 언제나 우리와 함께하시고 인도해 주신다는 것을 잘 안다. 그러나 하나님의 인도하심이 당연하다고 해서 하나님을 찾지 않은 채 살아갈 수는 없다. 가는 곳마다 하나님을 찾아야 하고, 새로운 세계에 들어갈 때는 더욱 간절하게 하나님을 찾아야 한다. 찾고 또 찾고, 복을 구하고 또 복을 구하는 모습, 이것을 하나님은 기뻐하신다. 의존하면 의존할수록, 기대면 기댈수록 하나님은 그만큼 더 큰 사랑을 부어 주신다.

나 역시 14년가량 해외에서 선교사역을 하면서 외지에서 역사하시는 하나님의 놀라운 능력을 많이 체험하곤 했다. 특히 그 낯선 땅에서도 나를 지키시고 보우하시는 하나님의 역사에 늘 감사하며 지내곤 했다.

그리고 한국 땅에 다시 돌아올 수 있게 되었는데, 이때도 나는 하나님께 매달릴 수밖에 없었다. 사실 그동안 하나님의 함께하심을 충분히 느꼈으니 지금도 당연히 함께하실 거라 믿어 의심치 않았다. 그러나 여전히 나는 하나님께 매달려야 했다. 그 낯선 땅에서도 지켜 주셨으니 한국 땅에서도 잘 사역할 수 있을 거라 자신할 수 있지만 나는 하나님을 찾고 의지해야만 하는 연약한 주의 종이기 때문이었다. 그리고 역시나 하나님은 한국에 돌아온 후로도, 내 삶 가운데 철저하게 개입하셨고 온전히 하나님의 방향대로 인도하셨다.

하나님은 절묘하게 만나게 하신다

1982년에 떠났다가 1996년에 돌아오게 된 한국 땅. 내가 한국에 온 뒤로 처음 사역하게 된 곳은 안산 시화였다. 당시 나는 조용기 목사님께 귀국하고 싶다고 편지를 드렸다. 마침 목사님이 그 편지를 읽고 계실 때, 주식회사 풍진화학 김종복 집사님께서 교회를 세우려고 하니 목사님을 보내달라고 하셨고 조용기 목사님은 그 자리에서 연결을 해주셨다. 하나님은 이토록 세밀하게 우리를 연결해 주셨고 마음을 모아 하나님의 사역을 감당할 수 있게 하셨다. 그렇게 김종복 집사님의 풍진화학 공장 4층을 예배당으로 사용하게 되었고 교회 이름도 풍진교회가 되었다(나중에는 풍진안산성전이 되었다).

이 교회가 여의도순복음교회 안산 지성전의 시초라 할 수 있다. 본래는 두 교구가 이 교회로 보내질 거라 해서 솔직히 200~300명가량이 올 것으로 예상했었다. 그러나 나의 예상을 완전히 뒤엎고 23명만이 교회로 왔다. 하지만 교인 수가 중요하지 않다는 것을 누구보다 잘 알고 있었기에 23명의 성도들을 최선을 다해 섬기며 안산에서 사역을 시작했다.

이후 안산성전은 점점 부흥하였고 1년 후에는 안산 중심지에 있는 극장을 사서 예배당으로 쓰기 시작했다. 심지어 두 교회로 분리될 정도로 부흥했고 그 근방에 시화성전까지 생겨 몇 년 사이에 세 지성전이 세워졌다. 파라과이에서 경험했던 부흥의 역사가 한국에서도 동일하게 나타나는 것을 보면서, 어디에서나 동일한 하나님의 은혜를 다시금 되새길 수 있었다.

Chapter 23

성령이 인도하시는 그대로
따라가면 된다

정답인생과 오답인생

신명기 28장은 축복의 장이다. 하나님의 백성에게 약속하신 넘치는 복들이 그 장 안에 가득하다. 그런데 어떤 사람이 그 복을 받을 수 있을까? 조건이 하나 있는데 매우 단순하고도 간단하다. 단 하나의 조건은 하나님께 대한 순종이다. 순종하면 그 복을 다 거머쥐는 것이다. 하나님께 복을 받기 위해 고심을 할 필요가 없다. 그냥 하라는 대로만 해도 되는 것이다. 이보다 편한 게 어디 있는가.

네가 네 하나님 여호와의 말씀을 삼가 듣고 내가 오늘 네게 명령하는 그의 모든 명령을 지켜 행하면 네 하나님 여호와께서 너를 세계 모든 민족 위에 뛰어나게 하실 것이라 네가 네 하나님 여호와의 말씀을 청종하면 이 모든 복이 네게 임하며 네게 이르리니 성읍에서도 복을 받고 들에서도 복을 받을 것이며 네 몸의 자녀와 네 토지의 소산과 네 짐승의 새끼와 소와 양의 새끼가 복을 받을 것이며 네 광주리와 떡 반죽 그릇이 복을 받을 것이며 네가 들어와도 복을 받고 나가도 복을 받을 것이니라(신 28:1-6)

반대로 순종하지 않으면 그대로 저주가 임한다. '그냥 복을 안 받고 말지.'가 아니다.

네가 만일 네 하나님 여호와의 말씀을 순종하지 아니하여 내가 오늘 네게 명령하는 그의 모든 명령과 규례를 지켜 행하지 아니하면 이 모든 저주가 네게 임하며 네게 이를 것이니 네가 성읍에서도 저주를 받으며 들에서도 저주를 받을 것이요(신 28:15, 16)

단순한 만큼 하나님의 뜻은 명료하다. 순종하면 복, 불순종하면 저주! 그래서 나는 하나님 앞에서는 되도록 고민을 하지 않는다. 아니, 고민을 해선 안 된다. 시키는 대로 하는 게 정답이다. 그리고 그 정답에서 벗어나면 오답 인생이 되는 것이다. 한 번 사는 소중한 인생, 정답 인생으로 살아야지, 오답 인생으로 살아서 되겠는가? 심지어 정답 인생으로 사는 방법이 이리도 단순하지 않은가?

성령의 인도하심 속에서 이루어진 지성전 사역

안산에서의 사역을 시작으로 십여 년 지성전 사역을 하는 동안에도 나는 고민을 할 필요가 없었다. 지성전 사역인 만큼 잦은 이동이 있을 수 있는데, 그때마다 가라고 하시는 대로 가면 되었다. 성령의 인도하심에 대한 사인이 있으면 두 말 없이 따르면 되었다.

안산성전에서 사역한 이후에 갔던 곳은 도봉성전이다. 2년간의 사역을 한 후, 하나님은 다시 성북성전으로 옮기셨다. 여기서도 동일하게 2년간 사역을 했다. 이후에는 강동교회로 이끌고 그다음에는 광명성전, 그 다음에는 중동성전으로 이끄셨다.

지성전 사역을 하면서 가장 감사했던 것은 각 지역의 성도님들을 다양하게 만날 수 있었다는 것이다. 같은 수도권임에도 어쩌면 지역마다 특색이 다르고 성향이 다른지, 적응해야 하는 점에서 어려움도 있었지만 오히려 그 안에서 성도들을 품는 법을 배웠다. 특별히 순수한 성도님들의 사랑과 섬김을 받을 때면 하나님의 위로하심을 간접적으로 느끼는 것 같아 더 없이 감사했다.

또한 지성전 사역을 여러 곳에서 하다 보니, 새롭게 도전해야 할 일들도 많았다. 한 교회를 세워서 계속 있으면 자리가 잡힌 이후로는 조금 안정감 있게 사역할 법한데 계속 사역지가 바뀌다 보니 부딪혀야 할 도전과제가 많았다.

강동성전에서 사역을 할 때였다. 마침 수협백화점 건물이 나와 교회가 그 건물을 사기로 최종 결정을 하였다. 심지어 교회이기 때문에 훨씬 저렴하게 가격을 쳐주었다. 여의도순복음교회에서도 다 허락을 한 상황에서 예상치 못하게 반대세력이 나타나 계약이 파기되었다. 위치적으로도 좋고 여러모로 좋은 조건이어서 하나님이 주신 기회라 믿어 의심치 않았지만 결국은 들어가지 못하고 본래 그 자리에서 교회를 이어 가게 되었다. 물론 그조차도 하나님의 뜻이라고 생각할 수도 있다. 하지만 또 한편으로는 하나님이 주신 기회를 우리 인간이 걷어차 버린 것이라고도 할 수 있다. 무엇이 정답일지는 모르겠지만 아쉬움으로 남는 것만은 분명하다.

물론 어떤 식으로 일이 진행되었든, 누군가를 비판할 필요 없이 나부터 하나님 앞에 바로 서면 되었다. 행여 일이 틀어졌어도 그 가운데서 하나님의 인도하심을 구하면 되는 것이니까.

여의도순복음교회 부목사 사역을 시작하며

안산성전, 도봉성전, 성북성전, 강동교회, 광명성전, 중동성전, 총 여섯 곳의 지성전 사역을 통해 하나님은 해외 선교에서와 버금가는 경험들을 쌓게 하셨고 그만큼 풍성한 은혜를 누리게 하셨다. 어떤 우여곡절이 찾아온다고 해도 결국은 하나님의 은혜로 귀결되는 것이 그저 신기하면서도 감사할 뿐이었다. 이후, 나는 여의도순복음교회 부목사로 조용기 원로목사님, 제2대 당회장 이영훈 목사님 밑에서 사역을 하게 되었다. 나에게는 더없는 영광의 자리이자 감사한 자리였다.

십년 동안 여러 사역지를 돌면서 배웠던 것 중 또 다른 한 가지는 '안주하지 않는 법'이었다. 안주하는 것처럼 편안한 것도 없지만 안주하게 되면 그만큼 영적 긴장감을 잃게 된다. 영적으로 깨어있는 것이 목자의 임무이기에 영적 긴장감을 한순간에라도 잃으면 목회는 위기를 맞는다. 그만큼 하나님께서 여러 번 새로운 환경을 제시하시며 도전하게 하신 것은 지금 생각해 보아도 감사할 이유임에 틀림없었다.

그리고 하나님은 부목사 사역을 하는 동안에도 내가 안주하지 않도록 새로운 뜻을 계획하고 계셨다. 나는 뒤에 일어날 일을 알지 못하지만 하나님은 내가 예상치 못한 일을 준비하시며 나를 이끌고 계셨다.

여의도순복음교회 부목사 사역 당시 설교 장면

Chapter 24

가라고 하시면
'아멘' 하고 가면 된다

순종하려면 성령의 음성부터 들을 수 있어야 한다

내가 하나님께 간절히 바라는 것 중 하나가 성령의 음성에 민감한 사람
이 되는 것이다. 솔직히 내 삶에 있어 순종은 중요한 모토였다. 하지만 순
종하기 위해 전제되어야 할 것은 다름 아닌, 하나님의 음성을 듣는 것이었
다. 곧 성령의 소리에 반응할 수 있는 것이다.

아무리 순종을 하고 싶어도 무엇을 순종해야 하는지 알지 못하면 순종
할 수가 없다. 일단 음성을 들어야 순종하는 것도 가능해진다. 그러기에
순종의 삶을 살기 위해 전제되어야 할 것은 성령의 이끄심에 민감해지는

것이다.

간혹 이런 말을 하는 사람들이 있다.

"'성령 받아라! 성령 받아라!' 하는데, 왜 성령을 받아야 합니까?"

"교회 열심히 출석하고, 성경 하루에 몇 장씩 꼬박꼬박 읽고, 교회 봉사하고 선한 일 하다가 천국 가면 되지, 꼭 성령을 받아야 할 어떤 성경적이며 구체적인 이유가 있습니까?"

"도대체 성령이 누구시기에 성령 받으라 하는 건가요?"

"성령 받으면 무슨 좋은 일라도 생기나요?"

"성령 받으면 어떤 능력이나 축복이 크게 부어집니까?"

"성령을 한 번 받았으면 되었지, 왜 계속 반복해서 충만하게 받아야 한다고 강조합니까?"

이런 질문을 하는 사람들의 특징은 성령 받는 것을 옵션으로 생각한다는 것이다. 받으면 좋지만 안 받아도 무방하다고 생각하는 것이다. 그러나 앞서 순종이 우리 삶에 있어 필수이듯, 성령을 받는 것도 삶에서 배제되어서는 안 될 필수적인 것이다. 순종이 의무인데 그 순종을 위해서는 성령의 음성을 들어야 하니, 이것은 하나님의 자녀로서 올바로 살기 위한 기초적인 전제가 되어 버리는 셈이다.

성령의 음성에 민감해지는 법, 의외로 간단하다

나 역시 성령의 음성에 민감해지도록 항상 간구한다. 그것이 모든 것의 기본이기 때문이다. 특히 성령께서 감동을 주시면, 잘못한 것도 바로 깨달아 회개하게 된다. 성령께서 마음에 찔림을 주시기 때문이다.

그렇다면 어떻게 해야 성령의 음성에 민감해질까? 방법은 간단하다. 허무할 정도로 간단하다. 바로 자주 물어보면 되는 것이다. 성령께 수시로 물어보고 매번 의지하면 성령의 음성을 듣지 않으려야 듣지 않을 수 없다. 성령에 대한 존재감조차 잊은 채 세상적인 방법, 인간적인 방법만을 좇아 한다면 성령의 음성은 듣기 어렵다. 하지만 늘 물어본다면 항상 성령의 영향권 안에 들어있을 수밖에 없는 것이다.

특히 무엇을 선택해야 할지 고민이 되는 상황이라면, 내 앞에 주어진 상황이 도무지 이해가 되지 않는 상황이라면 성령께 더 매달려야 한다. 대답을 해달라고, 음성을 들려달라고 더 간절히 애원해야 한다. 그러면 명확한 답을 주시고 더 이상 갈등하지도, 혼란스러워하지도 않게 하신다.

그날도 성령께 최종 결정을 맡겼다

하나님은 사역하는 과정에서 늘 순종을 요구하셨고 나는 그때마다 성령의 답을 듣기 위해 기도의 자리로 나아갔다. 무엇이 하나님의 뜻인지부터 제대로 알아야 하기에 우선적으로 기도에 전념하곤 했다.

2009년 2월 22일, 그날도 그랬다. 그날은 나에게 조금은 흥분되는 날이었다. 바로 S성전과 K성전 중 한 곳을 선택하고 결정해야 하는 날이었다. 그때 한 통의 전화가 왔다. 전화를 먼저 받은 사람은 사모였다. 우리에게 전화를 거신 분은 부산에 계신 고 강노아 목사님의 사모님이었다. 갑작스럽게 목사님께서 소천하신 후, 부산에 있는 순복음금정교회는 후임 목사 문제를 두고 고민이 많은 상황이었다. 공식적으로 공고를 하여 후보자가 수도 없이 온 상황이었음에도 결정을 내리기 힘들었던 것이다.

그런 중에 사모님께서 나를 떠올리셨던 것이다. 목사님이 돌아가시기 전에 문득 내 생각이 났다고는 했다.

"윤목사님, 요즘 어디 계시지?"

갑작스럽게 나의 근황이 궁금해지셨다는 게 아닌가. 그러던 중 후임 목사를 구해야 하는 상황이 생겼고 나에게까지 전화를 해주시게 된 것이다. 물론 돌아보면 그조차도 성령의 인도하심이었다.

사실 책의 앞부분에서도 나오는 내용이지만, 강노아 목사님 부부와 우리 부부는 오래 전부터 잘 알던 사이였다. 내가 처음 새서울교회 전도사로 사역을 할 때 강노아 목사님은 여의도순복음교회 수유교구 집사님이셨고 이후 개척 때는 기도와 물질로 헌신해 주셨다. 그리고 이후로 목회를 하시게 되면서부터는 동역자로 지내며 영적인 끈을 유지할 수 있었다.

그런데 사모님께서 아내에게 전화를 걸어오신 것이다. 아내는 사모님의 전화를 받고 목사님께 전해드리겠다고 대답했다. 하지만 속으로는 '안 될 것'이라고 믿어 의심치 않았다. 지금 서울에서의 최고의 기회를 앞에 두고 고민하는 것도 모자랄 판에 부산 교회에 대해 고민한다는 것은 말이 되지 않았기 때문이다. 하지만 대놓고 거절할 수 없으니 일단 알겠다고만 하고 통화를 마친 것이다.

정말이지, 처음에 나와 사모는 당연히 가지 않을 것이라고 생각했었다. 나를 지목해 준 두 곳을 포기하고 부산까지 내려간다는 것은 있을 수 없는 일이 아닌가.

하지만 그마저도 우리 스스로 결정을 내리면 안 되었다. 나와 사모는 우선 기도하기로 했다.

하루만 늦게 전화를 주셨어도

마침 그 다음날부터 여의도순복음 대성전에서 닷새간 새벽기도를 인도할 차례였다. 하필 그때가 그때라니! 하나님은 더 간절하게 기도할 수밖에 없는 환경을 아예 열어 주셨던 것 같다.

월요일 새벽기도 설교를 마치고 하나님 앞에서 간곡히 기도했다. 하나님은 그때 말씀하셨다.

"가라."

1시간 후에도 주님께서 다시 명령하셨다.

"부산으로 가라."

너무 간단했다. 너무 분명했다. 너무 명료했다.

그 다음 날, 다시 물어보았다. 하지만 대답은 역시나 동일했다.

"가라."

솔직히 아쉬웠다. '하루만 더 늦게 연락을 주시지.' 하는 마음까지 들었다. 수도권이 아닌 부산까지 내려가야 한다는 것 역시 부담이 되었다. 하지만 한편으로는 안심이 되었다. 성령께서 분명한 답을 주셨다는 것 자체가 '안심'이었다. 특히 그토록 멀고 먼 미지의 세계, 파라과이에도 가라고 하셔서 갔는데 부산쯤은 아무것도 아니지 않은가!

하나님의 인도하심 대로 나는 가겠다고 말씀을 드렸고, 며칠 후 부산 사모님은 장로님 다섯 분과 함께 오셔서 정식으로 요청을 하셨다. 조용기 목사님, 이영훈 목사님 허락을 다 받은 후, 공식적으로 후임 목사로 나를 데려가기 위한 절차를 밟으셨다.

일사천리로 진행되었다. 성령의 인도하시는 방법은 늘 그랬다. 너무나 명확하다 보니 순종하겠다고 고백하기만 하면 그다음부터는 늘 일사천리였다. 그때도 그랬다. 전화를 받은 것이 2월 22일인데, 2월 말부터 순복음 금정교회에서 설교를 시작하게 되었다. 그리고 3월부터 본격적으로 담임 목사로서의 사역을 하게 되었다.

부산순복음금정교회는 당시 세 분의 장로(김윤태, 하태호, 김태웅)와 안수집사 두 분(신구호, 박영동)밖에 없었지만, 뜨겁게 기도하는 교회, 신유의 기적이 넘쳐나는 교회, 지역을 선도하는 교회로 영향력을 펼치고 있었다.

한편 취임하던 그해 12월, 부산순복음중앙교회(진성용 목사)가 경매에 넘어갈 위기에 처해 우리 교회가 인수하게 되었고 화명성전으로 이름을 붙였다. 20~30명 되던 교회가 지금은 200명이 넘게 출석하는 교회가 되었다.

순복음금정교회 취임예배

조용기 목사 초청 축복대성회

Chapter 25

못난 아버지,
이런 아버지의 부족함을
채워 주신 하나님 아버지

목회에 전념한다는 것은 핑계였다

나는 목사이지만, 세 아이의 아버지이기도 했다. 솔직히 요즘도 자녀 키우면서 목회하는 후배들을 보면 마음이 아플 때가 많다. 나는 목회라는 이유로 자녀에게 많은 신경을 못 써주었기에, 그 부분에 대해서는 미안함도 아쉬움도 많다. 그런데 그것을 동일하게 느낄 후배들이기에 더없이 안타깝고 마음이 아프다.

나에게는 세 자녀가 있다. 그것도 남자아이만 셋이다. 결혼하면서 바로 신학공부에 들어가다 보니, 세 아이를 사모에게만 맡긴 채 목회에만 전념

했다. 솔직히 자녀를 하나님이 다 키워줄 거라 생각했다. 그러나 그것은 핑계에 불과했다. 적어도 수고한 사모를 보면 그저 미안할 뿐이다.

특히 해외 사역을 하면서 떨어져 있어야 할 때가 많았다. 남미에 갈 때도 먼저 가야 했고 미국에서 한국으로 들어올 때도 나 혼자 먼저 들어와야 했다. 그리고 사모는 세 아이를 책임지고 모든 것을 수습해야 했고 아이들 역시 엄마만 의지한 채 나이를 먹어가야 했다.

목회를 하면서 자녀들이 항상 뒤로 밀렸다는 것은 지금 돌아보아도 후회할 만한 일이다. 하나님의 일을 하느라 어쩔 수 없다는 것은 솔직히 변명할 여지가 되지 못한다. 아주 조금이라도 신경을 더 쓰면 쓸 수 있지 않았을까. 조금이라도 머리를 더 썼다면 아이들이 더 행복하지 않았을까.

신앙으로 키운 자녀, 주의 종으로 부름 받다

그래도 내가 돌아보지 못할 사이에 아이들을 신앙 중심, 교회 중심으로 멋지게 키워 준 사모가 있어 감사할 뿐이다. 공부 잘하고 세상적으로 훌륭한 것보다 신앙 교육에 역점을 둔 사모, 믿음으로 사는 것에 우선순위를 둔 사모. 그 사모 덕에 아이들은 아빠의 부재를 하나님으로 채워갈 수 있었는지도 모른다.

그래서인지 막내는 초등학교 때 눈물을 흘리며 기도하다 방언을 받았다. 뒤이어 큰아이도 눈물 흘리며 기도하다 방언을 받았고 둘째도 나중에서야 방언을 받았다. 가장 개구쟁이었던 막내가 그런 성령체험을 했던 것, 뒤이어 두 아이가 모두 성령체험을 하는 것을 보고 얼마나 감사하고 감격스러웠는지 모른다. 신기하게도 그때 은혜 받은 순서대로 주의 종으로 부름을 받았다.

아버지를 원망할 법도 했을 아이들인데, 그 아이들 모두가 주의 일꾼으로 섬기고 있다는 것에 감사할 뿐이다. 그 정도로 아이들에게 고맙다. 그리고 나의 빈자리를 채워 주신 하나님 아버지, 그리고 하나님만을 의지하고 아이들을 묵묵히 키워준 사모에게도 너무나 감사하다.

그렇게 하나님은 나를 인도하실 때 동시에 아이들도 주의 길로 인도하셨다. 나의 부족함을 채우시려 더 놀랍게 인도하셨고 지금까지 이끌어주셨다. 그리고 앞으로도 그들의 사역을 주관해 주실 것이다.

하나님께서 단 한순간도 빠짐없이 그들과 함께해 주시리라는 것을 나는 확신한다. 내가 이미 겪었기 때문에, 분명하게 믿을 수밖에 없다.

Part 6

"너를 통해서 10만 영혼을 구원하겠다"

순종함으로 부산에 온 뒤, 하나님은 특별한 선물을 주셨다. 바로 '너를 통해 10만 영혼을 구원하시겠다'는 비전이었다.

처음에는 그 말씀이 선물이 아니라, 부담이었다. 그러나 지금은 그 어떤 것보다 귀한 선물임을 안다.

이후로 하나님은 그 비전이 현실이 되도록 놀랍게 역사하셨다. 부산의 교회를 통해 예기치 못한 일을 이루어 가셨다. 그리고 지금 이 순간에도 나는 그 비전을 위해 쓰임 받고 있다.

내가 더 이상 그 비전으로 인해 부담을 갖지 않아도 되는 이유가 있다. 어차피 그 일은 하나님이 이루시기 때문이다. 그리고 나는 도구에 불과하기 때문이다. 하나님은 '나더러 직접' 10만 영혼을 구원하라고 하지 않으셨다. 하나님이 하실 일을 '너를 통해' 하겠다고 하셨을 뿐이다. 그러기에 나는 내 몸을 내어 드리기만 하면 된다. 하나님께서 마음껏 쓰시도록!

Chapter 26

육십이 넘은 나이에,
10만 영혼 구원의 비전을 받다

이사야의 사명을 받은 이 시대의 목회자들

이사야는 눈이 열어 자신에게 사명을 주시는 하나님을 뵙게 되었다.

웃시야 왕이 죽던 해에 내가 본즉 주께서 높이 들린 보좌에 앉으셨는데 그의 옷자락은 성전에 가득하였고 스랍들이 모시고 섰는데 각기 여섯 날개가 있어 그 둘로는 자기의 얼굴을 가리었고 그 둘로는 자기의 발을 가리었고 그 둘로는 날며 서로 불러 이르되 거룩하다 거룩하다 거룩하다 만군의 여호와 그의 영광이 온 땅에 충만하도다 하더라 이같이 화답하는 자의 소리로 말

미암아 문지방의 터가 요동하며 성전에 연기가 충만한지라(사 6:1-4)

이사야는 그때 자신이 하나님을 뵌 것에 대해 한탄을 한다. 구약 시대만 해도 사람이 하나님을 뵙는 것은 죽어 마땅한 일로 여겨졌기 때문이다. 그러자 스랍 중 하나가 제단의 숯을 이사야의 입에 대며 '악이 제해졌고 죄가 사해졌다'고 선포한다.

그리고 그때 하나님의 음성이 들린다.

내가 누구를 보내며 누가 우리를 위하여 갈꼬(사 6:8)

이사야는 바로 대답한다.

내가 여기 있나이다 나를 보내소서(사 6:9)

이 말씀은 이사야가 사명을 받는 유명한 장면이다. 이사야는 그때 천상의 하나님 세계를 본 것은 물론, 죄악에 빠진 자신의 모습도 볼 수 있었다.

1969년, 나 역시도 영적인 눈이 열리는 경험을 했다. 수요일 밤, 눈이 열려 하나님을 보게 되었고 새 사람이 되는 경험을 했다. 이전까지 형식적으로 교회를 다니고 심지어 교회를 떠나기까지 했던 내가, 그날 이후 하나님의 자녀로 거듭날 수 있게 되었다. 그리고 이사야가 영적 눈이 뜨인 이후로 하나님께 자원하여 나아갔던 것처럼 나도 그날 이후 하나님의 일꾼으로 헌신을 하였다. 하나님도 그 이후로 나에게 '주의 종으로 사역할 가장 영광스러운 길'을 열어 주셨고 지금까지 오직 은혜로만 달려오게 하셨다.

그런데 이사야에게 사명을 주셨던 하나님은 목회자로 부름을 받은 나에게도 사명을 주셨다. 그리고 이사야처럼 적극적으로 그 사명을 위해 나아가게 하셨다. 무엇보다 그 사명은 복음을 증거하는 선교의 사명이었다. 어쩌면 이사야가 경험했던 그 장면은 모든 목회자들이 동일하게 경험하는 것이 아닐까 생각한다. 방법이야 다르겠지만, 어떤 방식으로는 하나님은 목회자들에게 선교적 사명을 부어 주시기 때문이다. 잃어버린 영혼을 향해 나아가라고 말씀하시고 지금이 추수할 때라고 일러 주시기 때문이다.

불가능할 법해 보이던 10만 영혼의 비전, 충분히 가능하다

순복음금정교회로 부임하게 된 후의 일이다. 부산이라는 땅, 나에게는 조금 생소할 법한 지역에 이르게 된 만큼 모든 것이 새로웠다. 솔직히 어색하다고 하는 것이 더 맞는 표현일 것이다. 그만큼 나는 하나님을 더 의지할 수밖에 없었다. 하나님 전에 나아와 그날도 어김없이 기도를 하고 있었다. 그리고 여쭈었다. 주님을 위해 무엇을 해야 할지에 대해.

그때였다. 이사야가 뚜렷하게 하나님의 음성을 듣고 사명을 받았던 것처럼 내게도 하나님의 음성이 레마로 들려왔다.

"내가 너에게 10만 영혼을 붙여 주겠다."

1만 명도 아니고 10만 명이라니. 솔직히 10만 명이라고 한다면, 나에게는 추상적인 숫자로밖에 여겨지지 않는다. 하지만 하나님께서 들려주신 분명한 음성이기 때문에 마음속에 간직했다. 잊어버리려야 잊어버릴 수 없었다.

얼마 후, 조용기 목사님께서 부산에 오셨다. 나는 그때 받은 구체적인 비전에 대해 이야기를 했다. 10만 영혼을 붙여 주겠다고 말씀하셨다 하자, 조 목사님이 내 나이를 물어보셨다.

"자네 나이가 몇인가?"

"육십이 이미 넘었죠."

당시 나는 60이 넘은 나이였다. 그러자 긍정의 아이콘인 조목사님도 고개를 갸우뚱하며 저으셨다. 물론 재밌으라고 내던지신 위트 있는 제스처였다. 하지만 그런 농담도 나눌 정도로, 누가 보아도 말이 되지 않는 일이었다.

놀랍게도 2~3년 정도가 지나 내가 부산기독교대표회장직을 맡게 되었다. 사실 내 차례가 아닌데 과분하게 그 자리에 오르게 되었다. 한때 어려운 일이 많이 생겨 부산 교회들이 난관에 봉착한 적이 있는데 그때 주님의 인도하심으로 해결을 한 적이 있었다. 그 일을 계기로 부산 교회들로부터 신임을 얻었던 게 주요했었던 것 같다.

그것은 분명 하나님의 이끄심이었다. 아무리 내가 오래토록 목회를 했다지만, 이제 막 부산에 내려온 부산 새내기가 아닌가. 그런 내가 부산기독교회장직을 어떻게 맡겠는가. 그러나 하나님은 그런 일들을 만들어 주시고 해결을 하도록 이끄셔서 그 자리에 오르게 하셨다. 그리고 그것을 통해 1년

전 나에게 보여 주신 비전을 감당할 계기를 마련해 주셨다.

어떻게 보면 부산기독교회장직을 맡게 된 것, 그리고 그 자리를 기반으로 몇 년 후 부산복음화운동을 하게 된 것이 10만 영혼 구원이 비전을 실현하는 포문을 열었다고 할 수 있는 것이다.

Chapter 27

하나님은 복음 아래서
한마음이 되게 하신다

이방인 선교와 유대인 선교의 균형을 이루게 하신 하나님

성경에는 바나바와 바울의 비시디아 안디옥 전도 이야기가 나온다. 여기에서 바울은 최초로 강론을 하게 된다. 이것이 바울의 유명한 첫 설교라고 할 수 있는데, 헬라문명과 히브리 문화를 잘 알고 자라며 그 속에서 철저히 수학한 그의 설교는 복음전도의 핵심을 심오하게 증거하고 있다.

바울이 강론한 복음의 핵심 중 하나는 '구원의 하나님'이었다. 바울은 이스라엘 백성의 잘못을 참으시면서까지 구원의 은혜를 베풀어 주셨다.

이 이스라엘 백성의 하나님이 우리 조상들을 택하시고 애굽 땅에서 나그네 된 그 백성을 높여 큰 권능으로 인도하여 내사 광야에서 약 사십 년간 그들의 소행을 참으시고 가나안 땅 일곱 족속을 멸하사 그 땅을 기업으로 주시기까지 약 사백오십 년간이라(행 13:17-19)

그리고 결국에는 예수 그리스도를 이 땅에 보내 주셨으며 예수 그리스도를 통해 구원역사를 완성하셨다.

하나님이 약속하신 대로 이 사람의 후손에서 이스라엘을 위하여 구주를 세우셨으니 곧 예수라(행 13:23)

그는 허물과 죄로 죽었던 너희를 살리셨도다 그 때에 너희는 그 가운데서 행하여 이 세상 풍조를 따르고 공중의 권세 잡은 자를 따랐으니 곧 지금 불순종의 아들들 가운데서 역사하는 영이라 전에는 우리도 다 그 가운데서 우리 육체의 욕심을 따라 지내며 육체와 마음의 원하는 것을 하여 다른 이들과 같이 본질상 진노의 자녀이었더니 긍휼이 풍성하신 하나님이 우리를 사랑하신 그 큰 사랑을 인하여 허물로 죽은 우리를 그리스도와 함께 살리셨고(너희는 은혜로 구원을 받은 것이라 또 함께 일으키사 그리스도 예수 안에서 함께 하늘에 앉히시니(엡 2:1-6)

여기서 바울이 40년간 하나님이 백성들의 소행을 참으신 것에 대해 언급한 것은 '끝까지 구원하시려는 하나님의 은혜'를 강조하기 위해서였다.

그런데 구원의 핵심 메시지와 더불어 주목할 것은 바울이 지금 안식일 회당에서 강론을 하고 있다는 것이다. 바울과 바나바는 이방인세계를 복음 전파하고 다니면서도, 유대인들을 잊지 않고 안식일에는 그들의 회당을 찾아갔다. 그것은 예수님께서 "잃어버린 양에게로 가라"고 하신 명령 때문이었다. 그만큼 바울에게 있어 민족에 대한 구원 열정은 한 시라도 식은 적이 없다.

나의 형제 곧 골육의 친척을 위하여 내 자신이 저주를 받아 그리스도에게서 끊어질지라도 원하는 바로라(롬 9:3)

구원의 하나님은 특정 사람들을 따돌리지 않으신다. 연합하게 하시고 사랑으로 뭉치게 하신다. 그리고 구원의 역사도 열어 주신다.

그런 하나님은 오늘날에도 동일하게 연합과 화합의 역사를 이끌어 주시고, 우리를 그 화합의 도구로 사용하신다.

우리 합쳐 봅시다

부산기독교총연합회 대표회장직을 맡은 이후, 부산 지역 내 타 교단 목사님과도 마주할 기회가 많았다. 최근에는 고신교단의 목사님으로부터 이런 이야기를 들었다.

"윤목사님은 고신보다 더 고신 같습니다. 그러니 우리 합칩시다."

농담 반 진담 반으로 이야기한 것이지만 기분 좋은 이야기임에 틀림없었다. 뭔가 교회가 연합으로 나아가는 분위기가 나타나는 것만 같았기 때문이다.

어떤 경우에는 고신 교단 노회장 모임 때 설교를 해달라고 하여 말씀을 전한 적도 있다. 순복음 교단 목사에게 이런 제안을 한다는 것 자체가 고무적인 일이었다.

왜냐하면 과거에는 고신 교단에서 순복음을 이단으로 생각하는 경우가 있었다. 성령운동에 대한 오해 때문이었다. 그러나 이제는 달라졌다. 고신 교단의 교회 중에는 순복음처럼, 혹은 순복음보다 더 뜨겁게 예배하고 찬양하는 교회들이 많다.

가장 중요한 일이 모두가 연합한다는 것 - 부산복음화운동본부

한편 이런 화합의 분위기 속에서 하나님은 새로운 역사를 준비하고 계셨다. 어느 순간부터인가, 부산기독교회장을 역임하셨던 증경회장 목사님들께서 남은 생애 동안 함께 전도하게 해달라는 부탁을 해오셨다. 특히 지속적으로 연합하여 복음을 전할 수 있는 단체 같은 것이 조직되어야 할 필요가 있다고 느끼셨던 것 같다. 그분들은 박선제 목사님(침례교 증경총회장), 이재완 목사님(성결교 증경총회장), 김명석 목사님(고신) 등으로 부산교계 최고 원로들이시다.

솔직히 망설였다. 2년이나 버텼다. 그러나 하나님의 뜻이었을까. 지속적인 요청에 2년 이상은 버틸 수 없었다. 하나님께 책망을 들었다. 또한 그분들의 순수한 열정에 감동받기도 했다. 남은 생애를 복음 증거하는 일로 채우고 싶어 하시는 그 열정을 보고 나도 새로운 도전을 얻을 수 있었다.

그런 배경에서 2014년에 세워진 것이 부산복음화운동본부다. 이 본부는 가장 중요한 복음 증거의 사명을 감당하는 데 있어 부산 지역 교회가 연합하게 해주는 핵심 기구라 할 수 있다. 정기적으로 200~300여 명이 함께 나가서 전도를 하게 되는데 노방전도에 대한 편견이 많아진 요즘이라지만, 우리 본부의 전도에 대해서는 싫어하는 사람이 없다. 그 이유는 '나라사랑 영혼구원'이란 띠를 두르고 나가기 때문이다. 맨 앞에 보이는 게 '나라사랑'이다 보니 비신자라도 싫어하는 사람이 없는 것이다.

하나님이 이끄시는 역사는 역시나 지속가능하게 진행되었다. 2019년 6월 기준, 현재 44차 전도까지 진행된 상태다. 특히 우리는 전도할 때 전도지만 가지고 전도하는 것이 아니라, 건빵을 가지고 나간다. 솔직히 많은 전도용품 중에서 가장 환영 받는 것 중 하나가 건빵이다. 건빵은 안 받으려는 사람이 없다. 많은 시민들이 와서 더 달라고 할 정도다.

현재 복음화운동본부는 초교파적인 단체로 움직이고 있다. 거기에 지역에서 은퇴하신 목사님들이 함께하셔서 전 세대가 한마음으로 복음을 전할 수 있는 최고의 장이라고 할 수 있다(교단 총회장, 감독, 노회장을 지내신 분들이다).

앞으로도 복음화운동본부를 통한 성령의 역사는 더 놀랍게 일어날 것이다. 지금 총본부장을 맡고 있는 상황에서, 하나님이 내게 맡기신 일들이 무수히 많으리라고 생각한다. 그러기에 나는 계속 성령의 음성에 귀 기울여야 한다. 이 본부를 통해 하나님이 하시고자 하는 일을 알려면 영적으로 스탠바이를 하고 있어야 하는 것이다.

Chapter 28

선교적 교회를
배우지 않았음에도
누구보다 선교적 교회다운 교회

이 시대에 하나님의 마음에 맞는 사람이 되길

바울은 회당에서 하나님이 다윗을 통해 주셨던 축복에 대해 말한다.

가나안 땅 일곱 족속을 멸하사 그 땅을 기업으로 주시기까지 약 사백오십 년간
이라 그 후에 선지자 사무엘 때까지 사사를 주셨더니 그 후에 그들이 왕을 구
하거늘 하나님이 베냐민 지파 사람 기스의 아들 사울을 사십 년간 주셨다가 폐
하시고 다윗을 왕으로 세우시고 증언하여 이르시되 내가 이새의 아들 다윗을
만나니 내 마음에 맞는 사람이라 내 뜻을 다 이루리라 하시더니(행 13:19-22)

여기서 하나님이 가나안 땅 7부족을 멸하신 이유는 무엇일까? 그 땅을 기업으로 주시기 위해서다. 그리고 이를 위해 하나님은 만세 전에 언약을 하셨다(창 12:1).

이어서 바울은 다윗을 통해 부어 주신 하나님의 축복에 대해서도 이야기한다. 그런데 바울이 회당에서 이런 이야기를 하고 있는 이유가 무엇일까? 특히 다윗의 이야기를 꺼낸 의도가 무엇인가? 하나님이 값없는 은총을 다윗과 같은 마음에 맞는 성도들에게 주심을 전하기 위해서다. 곧 이 말씀은 또 다른 축복의 언약이 되는 것이다.

다윗이 그랬던 것처럼 우리도 하나님의 마음에 맞는 사람만 되면 된다. 그러면 하나님이 그 뜻을 다 이루실 것이다. 그 사실을 잘 아는 나는 이렇게 기도한다.

'하나님! 우리 교회가 하나님 마음에 맞는 교회와 성도들이 되어, 아버지의 뜻을 다 이루게 도와 주십시오!'

'하나님! 우리 가정과 우리 자녀들이 하나님 마음에 맞는 가족이 되어 하나님 큰 뜻을 다 이루게 역사하여 주옵소서!'

실속 없어도 괜찮다

감사한 것은 순복음금정교회 성도들이 하나님 마음에 맞는 성도들로 성장해 가고 있다는 것이다. 목회자인 나조차 영적 도전을 받을 정도로!

일단 성도들은 실리를 따지지 않는다. 다시 말하면 잇속을 차리지 않는다. 적어도 하나님의 일 앞에서는 그렇다.

부산복음화운동본부 사역에 있어서도 우리 교회 성도들은 누구보다 열심이다. 솔직히 말해서 교회만 가지고 보면 실속 없는 일이기도 하다. 복음화운동본부 사역을 열심히 한다고 해서 우리 교회 교인 수가 늘어나는 것은 아니다. 그럼에도 열심이다. 누구보다 열심이다. 전도를 나가보면 우리 교회 성도들이 절반가량 된다. 실속 없는 줄 알면서도 열심히 전도하는 성도들의 모습을 보면 얼마나 감사하고 자극을 받게 되는지 모른다.

어떤 경우에는 다른 교회 성도들도 놀라곤 한다. 전도를 하면서 순복음 금정교회 홍보도 할 법한데, 도무지 자기 교회에 오라는 말은 안하기 때문이다. 특히 우리는 특정 교회 주변에서 전도를 할 때 우리 교회 주보가 아니라, 그 교회 주보를 가지고 전도를 한다. 주보에 건빵까지 더해 열정을 다해 복음을 전한다.

이는 마치 동종업계인 다른 가게에 가서 홍보를 해주는 것이나 다름없다(장사, 사업으로 예를 들면 안 되겠지만, 조금이나마 이해를 돕기 위해 설명해 보면 그렇다는 소리다). 그런데도 우리 교회 성도들은 싱글벙글이다. 복음을 전할 수 있다는 것, 그 자체가 마냥 좋은 것이다.

몸으로 체득되어 버린 선교적 교회

복음화운동본부 사역이 워낙 실속 없는 사역이다 보니 사모도 한때는 반대를 했다. 그러나 그런 사모조차 제일 먼저 후원금을 내며 누구보다 열심을 다해 돕고 있다. 또한 그 이후로 우리 교회 성도들 역시 적극적으로 후원을 하고 있다. 몸으로 뛰며 전도하는 것은 물론 물질로도 적극적으로 섬기고 있는 것이다.

솔직히 우리 교회 성도들은 요즘 이슈가 되고 있는 선교적 교회에 집중적으로 교육을 받은 것은 아니다. 그러나 누구보다 선교적 교회의 교인답게 살아가고 있다. 아는 것보다 실천이 먼저인 상황이라고나 할까. 우리 교회를 키우는 전도가 아니라, 순수하게 복음 그 자체만을 붙드는 전도…. 그러기에 복음의 진가가 더 발휘되는 것 같다. 순수한 만큼 더 많은 역사가 일어나고 부산 지역의 변화를 불러오는 것 같다.

수요일마다 듣는 말이 있다.

"건빵작업 있습니다."

얼마 후 1백여 명이 우르르 몰려온다. 그리고는 맛좋다는 충청도 천안표 건빵을 마당에 잔뜩 늘어놓고 건빵작업을 하기 시작한다. 전도용 물품이 될 귀한 도구인 만큼 정성스레 작업을 한다. 우리 교회 주보와 함께 전달할 건빵이 아니라, 다른 교회 주보와 함께 전달할 건빵임에도 작업을 하는 성도들은 행복해 보이기만 한다.

Chapter 29

부산을 복음으로 뒤덮을
복음화 군단

우리에게 주어진 권세는 막강하다

예수 믿는 성도는, 하나님의 형상을 회복한 사람이다. 동시에 하나님의 자녀의 권세를 가졌으며 믿음으로 예수님보다 더 큰 일도 할 수 있는 존재다. 예수 이름으로 귀신을 쫓고 병을 치료하는 능력도 받았고, 성령충만하여 권능을 행하며, 예수 이름으로 모든 것을 다 받는 자격을 부여 받았다. 곧 우리에게는 예수님이 주신 권세가 있다.

예수께서 나아와 말씀하여 이르시되 하늘과 땅의 모든 권세를 내게 주셨으니 그러므로 너희는 가서 모든 민족을 제자로 삼아 아버지와 아들과 성령의 이름으로 세례를 베풀고 내가 너희에게 분부한 모든 것을 가르쳐 지키게 하라 볼지어다 내가 세상 끝날까지 너희와 항상 함께 있으리라 하시니라(마 28:18-20)

성경에 보면 그 권세가 어떤 것인지에 대해서도 구체적으로 나온다. 대표적인 것이 하나님의 전신갑주다.

마귀의 간계를 능히 대적하기 위하여 하나님의 전신 갑주를 입으라 우리의 씨름은 혈과 육을 상대하는 것이 아니요 통치자들과 권세들과 이 어둠의 세상 주관자들과 하늘에 있는 악의 영들을 상대함이라 그러므로 하나님의 전신 갑주를 취하라 이는 악한 날에 너희가 능히 대적하고 모든 일을 행한 후에 서기 위함이라(엡 6:11-13)

조용기 목사 초청 부산복음화를 위한 기도대성회

부산복음화운동본부 설립주역

고문   박선제 목사(상임고문)

이사진   이재완 목사(이사장)
           석준복 감독(부이사장)
           김상권 장로(부이사장)
           김갑덕 목사(서기)
           김명석 목사(이사), 김창영 목사(이사)
           신창수 목사(이사), 배춘식 목사(이사)
           안동현 목사(이사), 오상진 목사(이사)
           정윤곤 목사(이사), 정영수 목사(이사)
           김종후 목사(이사), 김윤태 장로(이사)
           조운옥 장로(이사), 정영란 권사(이사)

실무진   윤종남 목사(총본부장)
           정명운 목사(사무총장)
           임대식 목사(전도본부장)
           김기동 목사(기도본부장)
           김명철 목사(전도본부총무)
           신승달 목사(기도본부총무)
           김기태 목사(감사)
           박영동 장로(재무국장)

진리로 허리 띠를 띠고, 의의 호심경을 붙이고, 평안의 복음이 준비한 것으로 신을 신고, 모든 것 위에 믿음의 방패를 가지고, 구원의 투구와 성령의 검 곧 하나님의 말씀을 가지면 된다. 이런 전신갑주면 악한 이 시대에도 마귀를 능히 대적할 수 있다.

또한 우리에게 허락하신 예수 이름의 권세 역시 막강하다.

> 베드로가 이르되 은과 금은 내게 없거니와 내게 있는 이것을 네게 주노니 나사렛 예수 그리스도의 이름으로 일어나 걸으라 하고(행 3:6)

> 또 우리 형제들이 어린 양의 피와 자기들이 증언하는 말씀으로써 그를 이겼으니 그들은 죽기까지 자기들의 생명을 아끼지 아니하였도다(계 12:11)

우리에게 이러한 막강한 권세가 있다는 것은 우리가 부산 지역의 복음화를 책임져야 한다는 것을 의미하기도 한다.

그 책임을 잘 알기에, 순복음금정교회는 복음의 불모지인 부산에서 영혼구원을 위한 노력을 다하고 있다. 물론 우리 교회만 노력하고 있는 것은 아니지만 여러 교회가 다 같이 연합하여 전도한 결과, 부산의 복음화율이 현재 11%를 돌파했다. 복음화율이 8.3%로 최하였던 부산이 현재 11.5, 거의 12% 가까이 올라가고 있는 것이다.

권세를 주셨으니 부산 복음화의 책임을 져야 한다

사실 부산은 기독교 역사에서 중요한 역할을 많이 했다. 미국에서 개신교 선교사가 제일 처음 들어온 곳은 인천이 아니라 부산이다. 부산 광복로 입구에 가 보면, '기독교 선교사 이곳에 첫 발을 딛다'라는 표지석이 세워져 있다. 이것은 2013년 부산기독교총연합회 대표회장 시절에 부산시와 함께 세운 것인데, 탁지일 교수와 고신대 이상규 부총장이 역사적으로 밝힌 사실에 근거한 것이다.

1884년 9월 14일 알렌 선교사가 부산에 도착했고, 6일 후인 9월 20일에 제물포 항구에 도착했다. 그리고 1885년 4월 2일 언더우드, 아펜젤러가 같이 이곳에 들어왔는데, 마찬가지로 3일 후인 4월 5일 배를 타고 제물포 항구로 갔다. 이 내용은 부산항 입국 세관에 기록되어 있는 사실이다.

특히 6.25전쟁 당시에는 비행기가 떠서 낙동강 전선을 막아야 했던 적이 있었다. 그런데 우기라 비행기가 뜰 수가 없는 상황이 발생했다. 이때 이승만 대통령은 부산의 모든 목사님들에게 기도해 달라고 부탁했고 목회자들이 초량교회에 함께 모여 기도했다. 그러자 맑은 날로 변화되는 기적이 일어나기도 했다. 이렇게 부산은 기도로 지켜낸 도시이다.

그런 도시에서 사역을 하고 있는 만큼, 하나님이 허락하신 막중한 책임감을 놓칠 수가 없다. 무엇보다 부산에 온 이후로 보여주신 10만 영혼 구원이라는 비전을 잠시라도 내려놓을 수가 없다.

12월이면 부산 한복판에 크리스마스트리가 세워진다. 부산시와 교회가 연합하여 설치한 것인데 워낙 멋진 장관을 이루다 보니 800만 명, 천 만 명이 구경을 하고 간다. 그리고 그 아래에서는 복음을 증거하는 사역이 끊임없이 펼쳐진다.

크리스마스트리가 부산 시민의 마음을 따뜻하게 해주고 즐거움을 선사해 주듯, 부산 지역 내 교회가 더 많은 부산의 영혼들에게 진정한 행복을 선사하길 꿈꾸어 본다. 예수님만이 주실 수 있는 그 행복과 사랑을 부디 그들도 받아 누리길 바란다. 그리고 나 역시도 멈추지 않을 것이다. 10만 영혼이 구원받을 그날까지!

부산복음화 운동

Chapter 30

어제도, 오늘도, 앞으로도
인도하실 하나님을 바라보며

지금까지 주의 종의 길을 걷게 하신 하나님

신학교 시절 부교역자 사역을 감당하던 것을 기준으로, 올해 사역을 한 지 45주년이 다 되어간다. 주의 종의 길을 갈 수 있을지 염려하던 내가 45년간 달려올 있었던 이유는 단 하나, 하나님이 함께하셨기 때문이다. 앞에서 끌어 주셨기 때문이다.

그동안 내가 감당할 수 없는 일들을 맡기시면서 하나님은 '목회는 내가 하는 것이며, 너는 도구에 불과함'을 철저히 깨닫게 하셨다. 그만큼 더 겸손하게 내려놓으셨고 성령만을 의지하게 하셨다. 그리고 하나님이 함께하시면 불가능할 것도 없다는 절대원리를 깨닫게 되었다. 머리로가 아니라 사역 현장에서 아주 생생하게 경험하고 목격하게 하셨다.

이와 같이 누구보다 큰 은혜를 받았기에 보다 많은 사람에게 동일한 은혜가 이어지길 바라고 있다. 그래서 부흥회를 가거나 할 때면 반드시 두 가지를 강조하곤 한다. 그 두 가지를 나누면서 책의 마지막 장을 마무리하도록 하겠다.

예수님을 통해 운명도, 꿈도 바꾸자

예수님을 통해 운명을 바꾸자는 것은 믿지 않는 사람들에게 전도를 할 때 더욱 강조하는 메시지다. 예수님을 믿으면 인생에서 부분적으로 무엇인가가 좋아지거나 더해지는 것이 아니다. 아예 인생이 바뀌어버린다. 세상 사람들의 표현으로 바꾸어 말하자면 운명, 팔자가 바뀐다.

가장 최상의 것으로 내 인생과 내 미래가 바뀐다는데 어찌 예수님을 믿지 않을 수가 있을까! 거기에 꿈이 바뀌기 때문에 내 인생이 완전히 다른 방향으로 나아가게 된다. 변화되는 것만이 아니라, 추구하는 가치관과 목표점이 바뀌어 버리는 것이다. 그러니 아래 것만 바라보는 허망한 인생에서 위의 것을 바라보며 달려가는 위대한 인생으로 변모하게 된다. 말 그대로 새로운 피조물이 되는 것이다.

그런즉 누구든지 그리스도 안에 있으면 새로운 피조물이라 이전 것은 지나

갔으니 보라 새 것이 되었도다(고후 5:17)

이런 진리가 보다 많은 사람에게 전해지기를 간절히 바라고 있다. 아직도 자기 힘으로 몸부림치며 변화를 시도하는 사람들에게, 반복되는 잘못 속에서 죄책감에 시달리는 사람들에게, 아무런 진전이 없는 삶 속에서 한탄만 일삼는 사람들에게 이 메시지가 전해지길 오늘도 기도한다.

성령의 불, 모든 것을 가능케 하신다

불은 뜨겁다. 성령의 불은 더 뜨겁다. 그래서 모든 죄를 소멸해 주는 것은 물론 모든 것을 가동시켜 준다. 그 어떤 죄라도 성령의 조명하심이 있으면 깨닫게 되고 회개할 능력을 얻게 된다. 인간의 힘으로는 도저히 없애지 못하던 죄의 문제가 오직 성령의 인도 가운데서 해결되는 것이다.

여기에 능력까지 더해진다. 꼭 기사와 이적과 같은 성령의 역사만을 말하는 것이 아니다. 결코 사랑할 수 없을 것 같았던 사람을 용서하고 품어 주는 것, 고난 중에도 감사가 흘러나오는 것, 이러한 능력까지 성령으로 말미암아 가능해진다.

그리고 우리가 보지 못하는 것까지 밝혀 주는 것이 성령의 불이다. 성령의 불이면 그 누구도 보지 못한 것을 봄으로써 하늘로부터 임하는 지혜를 덧입게 된다.

마지막으로 성령은 불기둥으로 우리와 동행하신다. 우리를 지켜 주시고 인도하신다. 가야 할 때, 가지 말아야 할 때를 일러 주시고 늘 함께 있어 주신다.

하늘 높이 올라가는 로켓. 로켓이 올라갈 수 있는 힘은 불 때문이다. 로켓을 보면 뒤에 분화구가 있는데 그것에서 나오는 불의 힘으로 저 멀리, 심지어 달에까지 올라갈 수 있다. 성령의 불이 이와 같다. 그런 성령을 선물로 받은 자가 바로 우리다. 이런 은혜를 어떻게 누리지 않을 수 있을까.

그 은혜 속에서 살 수 있음에 오늘도 감사의 고백을 드린다. 우리가 할 수 있는 것은 그저 하나님께 영광을 돌리는 것뿐이다.

성령님의 인도하심

초판 1쇄 발행 2019년 8월 1일

지은이   윤종남
발행인   이영훈
편집인   김형근
편집장   박인순
기획·편집   강지은
디자인   김한희

펴낸곳   교회성장연구소
등 록   제 12-177호
주 소   서울특별시 영등포구 여의공원로 101 CCMM빌딩 7층 703B호
전 화   02-2036-7928(편집팀)
팩 스   02-2036-7910
쇼핑몰   www.icgbooks.net
홈페이지   www.pastor21.net
페이스북   www.facebook.com/pastor21

ISBN | 978-89-8304-292-7 03230

*값은 뒤표지에 있습니다.
*잘못된 책은 구입하신 서점에서 교환해드립니다.
*이 책 내용의 일부를 사용하려면 반드시 저작권자와 교회성장연구소 양측의 서면동의를 받아야 합니다.

"무슨 일을 하든지 마음을 다하여 주께 하듯 하라" (골 3:23)

교회성장연구소는 한국 모든 교회가 건강한 교회성장을 이루어 하나님 나라에 영광을 돌리는 일꾼으로 성장하는 것을 목표로, 목회자의 사역은 물론 성도들의 영적 성장을 도울 수 있는 필독서들을 출간하고 있다. 주를 섬기는 사명감을 바탕으로 모든 사역의 시작과 끝을 기도로 임하며 사람 중심이 아닌 하나님 중심으로 경영한다. "무슨 일을 하든지 마음을 다하여 주께 하듯 하라"는 말씀을 늘 마음에 새겨 하나님께서 주신 사명을 기쁨으로 감당한다.